UNIVERSITÉ DE CAEN. — FACULTÉ DE DROIT

DU

POUVOIR CONSTITUANT

ET DE

LA REVISION CONSTITUTIONNELLE

DANS LES

Constitutions françaises depuis 1789

THÈSE POUR LE DOCTORAT

SOUTENUE PUBLIQUEMENT

DANS LA GRANDE SALLE DE LA FACULTÉ DE DROIT

Le vendredi 9 novembre 1900, à 2 heures de l'après-midi

PAR

M. FONTENEAU

CAEN

Imprimerie Charles VALIN

7 et 9, rue ...

1900

TONJOVRS AVANT

UNIVERSITÉ DE CAEN. — FACULTÉ DE DROIT

DU
POUVOIR CONSTITUANT EN FRANCE

ET DE

LA REVISION CONSTITUTIONNELLE

DANS LES

Constitutions françaises depuis 1789

THÈSE POUR LE DOCTORAT

SOUTENUE PUBLIQUEMENT

DANS LA GRANDE SALLE DE LA FACULTÉ DE DROIT

Le vendredi 9 novembre 1900, à 2 heures de l'après-midi

PAR

M. FONTENEAU

CAEN

Imprimerie Charles VALIN

7 et 9, rue au Canu, 7 et 9

1900

UNIVERSITÉ DE CAEN

FACULTÉ DE DROIT

Année scolaire 1899-1900

DOYEN :

M. Edmond VILLEY (❋, I. ◉), correspondant de l'Institut, membre du Conseil supérieur de l'Instruction publique.

PROFESSEURS :

MM. TOUTAIN (❋, I. ◉), professeur de *Droit administratif*

DANJON (I. ◉), assesseur du Doyen, professeur de *Droit commercial* et de *Droit maritime*.

Edmond VILLEY (❋, I. ◉), professeur d'*Économie politique*, chargé du cours de *Droit constitutionnel comparé*.

LAISNÉ DES HAYES (❋, A. ◉), professeur de *Droit romain*, chargé d'un cours de *Droit civil*.

GUILLOUARD (❋, I. ◉, C. ✠, G. O. ✠, C. I. C. ✠, O. ✠. L. ✠), professeur de *Droit civil*.

LEBRET (I. ◉), professeur de *Droit civil* (député du Calvados).

CABOUAT (I. ◉), professeur de *Droit international public* et *privé*, et de *Législation industrielle*.

MM. BIVILLE (A. ✿), professeur de *Procédure civile*, et
chargé du cours d'*Histoire générale du Droit
français*.

AGRÉGÉS :

MM. DEBRAY, chargé d'un cours de *Droit romain* et
du cours de *Pandectes*.
René WORMS (I. ✿, ✿, C. ✠), chargé des cours
d'*Économie politique* et d'*Histoire des doctrines
économiques*.
LE FUR, chargé des cours d'*Histoire du Droit public
français*, d'*Éléments du Droit constitutionnel* et
de *Législation financière*.
ASTOUL, chargé d'un cours de *Droit Romain* et du
cours sur la *Coutume de Normandie*.
DEGOIS, chargé du cours de *Droit criminel*.

CHARGÉS DE COURS :

MM. ARON, chargé du cours d'*Histoire du Droit français*.
PILON, chargé d'un cours de *Droit civil*.

SECRÉTAIRE :

M. GILLET (I. ✿), secrétaire de l'Université de Caen.

JURY D'EXAMEN

MM. VILLEY, *professeur. doyen*, PRÉSIDENT.

BIVILLE, *professeur*.

LE FUR, *agrégé*.

BIBLIOGRAPHIE

ARNOULT (Gabriel). — *De la Revision des constitutions.* 1895.

AUMAITRE (Th.). — *Manuel de droit constitutionnel*, 1890.

BARD (Paul) et ROBIQUET (Alphonse). — *La Constitution française étudiée dans ses rapports avec les constitutions étrangères*, 1878

BERRIAT-SAINT-PRIX (Félix). — *Théorie du droit constitutionnel français*, Esprit des constitutions de 1848 et 1852, — 1851 et 1853.

BIGNE DE VILLENEUVE (DE LA). — *Éléments de droit constitutionnel français.*

BLANC (Louis). — *Histoire de la Constitution du 25 février 1875*, 1882.

BOUSQUET DE FLORIAN (Henri DE). — *Revision des constitutions*, 1891.

BOUTMY (E.). — *Études de droit constitutionnel*, 1895.

BOZÉRIAN (J.). — *Étude sur la revision de la Constitution de 1875.* — 1884.

CHALLETON (Félix). — *Cent ans d'élections.*

DUVERGIER DE HAURANNE. — *Histoire du gouvernement parlementaire en France.*

ESMEIN. — *Éléments de droit constitutionnel*, 1896.

Journal officiel, années 1871 à 1875, 1879 et 1884. — Partie non officielle, Assemblées nationales.

HÉLIE (Faustin-Adolphe). — *Les Constitutions de la France*, 1875.

— 8 —

Laboulaye (Édouard). — *Questions constitutionnelles,* 1872.

Lechevallier (J.). — *La Constitution de 1793 et la science sociale,* 1898.

Lefebvre (Ch.). — *Étude sur les lois constitutionnelles de 1875,* 1882.

Moniteur universel, années 1791, 1793, 1795, an VIII, an X, 1814, 1817, 1824, 1830, 1842, 1848, 1851, 1852, 1870. — Partie non officielle, compte rendu des débats parlementaires.

Moreau (Félix). — *Précis élémentaire de droit constitutionnel,* 1894.

Pierre (Eugène). — *Traité de droit politique électoral et parlementaire,* 1893.

Planteau (F.-E.). — *Histoire constitutionnelle des Français,* 1890.

Rousseau (J.-J.). — *Du contrat social.*

Roy (G.). — *Du pouvoir constituant dans les différentes constitutions de la France et dans les principales législations étrangères,* 1893.

Saint-Girons. — *Manuel de droit constitutionnel,* 1885.
— *Essai sur la séparation des pouvoirs,* 1881.

Serrigny (D.). — *Traité de droit public des Français,* 1846.

Sieyès. — *Qu'est-ce que le tiers état ?* 1839.

Stenfort. — *Du pouvoir constituant et de la revision* 1896.

Tissot (J.). — *Principes de droit public,* 1872.

INTRODUCTION

Le pouvoir constituant a deux sens, suivant qu'on envisage la fonction ou l'organe. Le pouvoir constituant, envisagé comme fonction, est le droit de faire ou de modifier la Constitution[1]. Le pouvoir constituant, envisagé comme organe, est l'ensemble des pouvoirs publics chargés de la fonction constituante.

Mais d'abord, qu'est-ce qu'une constitution ? Une constitution, c'est la loi qui organise les pouvoirs publics d'un pays, c'est-à-dire l'acte qui désigne les autorités et détermine la façon dont elles s'exercent. « C'est, dit M. Laboulaye[2], la garantie prise par le peuple contre ceux qui font ses affaires, afin qu'ils n'abusent pas du mandat qui leur est confié. »

La constitution doit donc être un acte de justice et de bons sens, organisant les pouvoirs publics conformément aux traditions nationales et aux

---

1. Dans le cas spécial de modification à la constitution, on donne à l'acte du pouvoir constituant le nom de revision.

2. *Questions constitutionnelles*, page 372.

besoins du pays. Il est sage aussi que la constitution soit courte : les constitutions trop longues entrent dans des minuties et des détails
qui entravent les pouvoirs publics, les empêchent d'agir ou les forcent à devenir factieux.
Seules devraient être constitutionnelles les règles qui fixent la compétence de chacun des
pouvoirs publics et les bornent les uns par les
autres, ainsi que l'énumération des libertés que
le gouvernement doit garantir et auxquelles il
ne doit pas toucher. La plupart des autres dispositions que contiennent communément les constitutions devraient faire partie du domaine législatif. Les lois électorales, par exemple, seraient
à laisser en dehors de la constitution.

Les constitutions pratiques, dans lesquelles
le législateur ne s'est pas attardé à faire des dis-
sertations et des rêves philosophiques, se bornent à résoudre les questions controversées, et
à prévoir le retour des abus dont le pays a souf-
fert ; elles sont surtout défensives. C'est ce qui
se passe en Angleterre : la constitution de ce
pays ne comprend que quelques textes épars, et
qui ne règlent que des points de détail. Tout le
reste n'est pas écrit et ne relève uniquement que
de la coutume.

Néanmoins, il est utile, je dirais même nécessaire, qu'il y ait une constitution écrite qui
règle à la fois le pouvoir législatif, le pouvoir

exécutif et l'autorité judiciaire, posant enfin les principes du droit public et garantissant les libertés des citoyens.

Mais quelque excellente que soit une constitution à son origine, au moment où elle vient d'être votée, il arrivera forcément un jour où elle ne sera plus conforme aux mœurs du peuple, où elle ne répondra plus aux besoins du pays. La constitution est en effet une œuvre humaine, et, comme telle, elle est provisoire et imparfaite. Il faudra alors la changer ; il serait, en effet, absurde de la dire immuable : ce serait admettre qu'elle est parfaite, et que ses auteurs étaient infaillibles.

La perpétuité de la constitution fut pourtant discutée à plusieurs reprises. Nous verrons, au cours de cette étude, qu'en 1791 beaucoup de constituants, persuadés de la bonté de l'œuvre qu'ils venaient d'accomplir, voulaient décréter la perpétuité de la constitution nouvelle. En l'an III, la question fut encore reprise, et l'un des conventionnels, Philippe Delleville, alla même jusqu'à demander la peine de mort contre quiconque proposerait de modifier la constitution. De nos jours, on trouve encore, de temps en temps, des propositions de ce genre. En 1884, M. Villeneuve déposa un amendement en ces termes : « Quiconque aura, par ses discours, ses écrits ou ses actes, affirmé la volonté de changer la forme du gouvernement perdra la qualité de Français.[1]»

L'amendement ne fut pas voté, et on eut raison, puisque de telles déclarations sont nécessairement dépourvues de sanction. Mais la même Assemblée nationale n'en déclara pas moins que la République était la forme définitive du gouvernement de la France [2].

La constitution, nous venons de le voir, est donc essentiellement mobile., Personne, d'ailleurs, ne songe plus sérieusement aujourd'hui à affirmer qu'elle est immuable. Même lorsqu'une constitution ne prévoit pas sa revision, il ne faut pas en conclure qu'elle n'est pas modifiable. Nous verrons, au cours de cette étude, quand nous examinerons les chartes de 1814 et de 1830, comment il faut interpréter le silence de la constitution : « La réforme, dit M. Bluntschli, est une manifestation de la vie publique : en refuser le droit à l'État, c'est nier le développement progressif de la nation et préparer la révolution [3].»

Mais, si la constitution est toujours revisible, à qui appartient le droi de la modifier, qui a le pouvoir de la changer complètement? Nous ré-

<hr>

1. Assemblée nationale du 6 août 1884, *Officiel* du 7, page 31.
2. Loi du 14 août 1884 portant revision partielle des lois constitutionnelles, article 2.
3. BLUNTSCHLI, *Théorie de l'État libre*, page 447.

pondrons immédiatement que ce droit appartient au souverain.

La souveraineté politique est le droit de choisir la constitution d'un État. C'est elle qu'on appelle communément pouvoir constituant.

La souveraineté politique doit appartenir à la nation. D'ailleurs, le principe de la souveraineté nationale est presque universellement admis aujourd'hui dans les États civilisés. Ceci se comprend facilement d'ailleurs : les constitutions sont faites pour le bonheur des peuples et non pour l'avantage des pouvoirs publics. S'il en est ainsi, il faut admettre que les peuples seuls doivent posséder le droit de changer les institutions qu'ils se sont données, quand ces institutions ne correspondent plus aux besoins de la nation. C'est donc la nation qui doit être souveraine.

D'ailleurs, la souveraineté nationale, quand elle ne peut pas se manifester par des moyens pacifiques, comme les élections, les réunions, les pétitions, les agitations par la voie de la presse, le plébiscite ou le referendum, se manifeste par les moyens violents, l'émeute et la révolution, et le pouvoir qui avait usurpé la souveraineté de la nation se trouve balayé par la bourrasque. Car le droit de reviser sa constitution est un droit imprescriptible qui appartient en tout temps à la nation : « En tout état de cause, dit Rousseau, un peuple est toujours le maître de changer ses lois, même les meilleures ; car, s'il lui plaît de se faire mal à lui-même, qui est-ce qui a le droit de l'en empêcher [1] ? »

Mais comment le peuple souverain exercera-t-il son droit, c'est-à-dire quel sera l'organe constituant? Nous répondrons que la nation pourra reviser soit directement, soit par délégation.

L'exercice direct du pouvoir constituant par le peuple ne présente d'ailleurs aucun avantage, ni théorique ni pratique. Le peuple se montre, en général, d'une grande docilité.

C'est pour cette raison que le pouvoir constituant du peuple est le plus souvent exercé par délégation. Certains auteurs prétendent même que le peuple ne doit pas l'exercer lui-même : « Le peuple, dit M. Saint-Girons, ne doit donc pas l'exercer par lui-même, mais le déléguer à un pouvoir national [2]. » Bien que cette prétention soit exagérée, et qu'on puisse très bien concevoir que le peuple exerce directement le pouvoir constituant, il faut cependant admettre que le pouvoir constituant peut être exercé par délégation. Ce n'est pas d'ailleurs sans conteste

1. J.-J. ROUSSEAU, *Contrat social*, livre II, chapitre XII.
2. *Essai sur la séparation des pouvoirs*, page 371 et suivantes.

qu'on arrive à admettre la délégation du droit
du peuple en matière constitutionnelle.On a nié,à
plusieurs époques,qu'une nation puisse déléguer
ses pouvoirs à une assemblée chargée par elle
de faire une loi fondamentale, un contrat liant
cette nation, comme nation, c'est-à-dire même
ceux des citoyens qui ne signent pas au contrat,
même ceux qui n'existent pas encore.

Nous ne voyons pas pourquoi les représentants de la nation ne pourraient pas le faire. Ils
peuvent engager l'avenir, et ils le font tous les
jours par de simples lois: tel vote engage la
fortune de la nation, tel vote son sang, tel vote
son honneur, tous ses intérêts matériels et moraux, et ces mêmes représentants de la nation
ne pourraient pas prendre un engagement sur
une question de forme gouvernementale? La
constitution étant une loi, le pouvoir constituant
est de même nature que le pouvoir législatif, et
peut par suite s'exercer de la même façon. Cette
manière de voir est celle du peuple anglais ; le
parlement britannique possède le pouvoir constituant. L'exercice n'en exige pas de procédure
particulière : le pacte de 1688, qui fut voté par
une convention, fut repris et revoté comme une
loi ordinaire. Donc aucun acte du parlement
n'est inconstitutionnel. Les Anglais n'ont même
pris aucune précaution contre ce pouvoir dangereux : ils ont confiance dans l'esprit public et

la coutume. Le remède se trouve dans le vague de la coutume. Les textes ne prétendent d'ailleurs jamais innover, mais constater le passé, c'est-à-dire affirmer les libertés dont les Anglais ont toujours joui. En s'attachant ainsi à enlever aux modifications tout caractère d'innovation, on assure la continuité des institutions et de la politique sans nuire à l'esprit de l'innovation. On évite ainsi les changements brusques et les révolutions. Aussi, on a dit que, loin d'être stable et immuable, la constitution anglaise était la plus mobile de toutes.

Il est donc certain que la nation peut agir par délégation. Mais à qui peut-elle déléguer ses droits en matière constitutionnelle? Peut-elle les laisser entre les mains du pouvoir législatif ordinaire? Faut-il, au contraire, une assemblée spécialement nommée à cet effet, constituante ou convention?

Un principe a dominé la plupart de nos constitutions, et domine encore un certain nombre de constitutions étrangères: c'est le principe de la séparation du pouvoir constituant d'avec les pouvoirs constitués, en vertu duquel c'est une assemblée spéciale qui doit être chargée de la fonction constituante.

« Une idée saine et utile fut établie en 1789: c'est la distinction du pouvoir constituant et des pouvoirs constitués, celui-là dominant ceux-ci et traçant les règles de son obéissance ; elle comptera parmi les découvertes qui font faire un pas à la science : elle est due aux Français ». Ainsi s'exprimait Sieyès devant la Convention, dans son discours sur le projet de constitution et la Jurie constitutionnaire [1].

L'enthousiasme de Sieyès, ce lyrisme venait de ce qu'il s'attribuait modestement la paternité de la découverte : il n'en était cependant que le parrain.

L'idée de séparer le pouvoir qui donne naissance aux autres pouvoirs de ceux-ci naquit en effet en Amérique. Elle fut apportée en France, à la fin du XVIII° siècle, par les Américains. (C'est ainsi qu'on nommait alors les hommes qui prirent part à la guerre de l'indépendance américaine : Lameth, Lafayette, de Noailles, etc.). « Dès avant 1788, dit Lafayette, les Américains avaient eu des conventions pour réformer leurs constitutions particulières [2]. » Toutefois, c'est Sieyès, dans sa fameuse brochure : « Qu'est-ce que le Tiers État? », qui le premier prononça en France le nom de pouvoir constituant.

La notion de l'organe constituant distinct est donc assez récente, puisqu'elle ne remonte guère plus loin que la Constitution américaine

1. *Moniteur* du 9 thermidor an III ou 25 juillet 1795.
2. LAFAYETTE, *Mémoires*, T. IV, page 36.

de 1787, deux ans avant notre Révolution. Elle ne pouvait pas apparaître plus tôt ; elle ne devait naître qu'à la suite et comme conséquence du principe de la séparation des pouvoirs.

Dans l'antiquité et jusqu'au XVIII siècle, les peuples n'eurent pas de constitutions dans le sens que nous attribuons aujourd'hui à ce mot. Ils eurent bien des institutions plus ou moins parfaites, des coutumes respectables qui mettaient un frein à l'arbitraire des gouvernants, mais aucune loi réglementant les pouvoirs publics et les organisant.

De plus, les libertés publiques n'étaient pas garanties, ou bien l'étaient mal, tout dépendant de l'arbitraire du gouvernement, personnes et biens des citoyens.

Ainsi, avant 1789, quoi qu'on en ait dit, il n'y avait pas de constitution régissant notre pays. « Si on appelle ainsi toute espèce de rapports entre les gouvernés et le gouvernement, sans doute la France possédait une constitution : un roi avait commandé, et des sujets obéi ; des ministres avaient emprisonné arbitrairement ; des traitants avaient perçu jusqu'aux derniers deniers du peuple ; des parlements avaient condamné des malheureux à la roue. Les peuples les plus barbares ont de ces espèces de constitutions. Il y avait eu en France des États généraux, mais sans attributions précises, sans retours assurés et toujours sans résultats. Il y avait eu une autorité royale, tour à tour nulle ou absolue. Il y avait eu des tribunaux ou cours souverains qui souvent joignaient au pouvoir judiciaire le pouvoir législatif ; mais il n'y avait aucune loi qui assurât la responsabilité des agents du pouvoir, la liberté de la presse, la liberté individuelle, toutes les garanties enfin qui, dans l'état social, remplacent la fiction de la liberté naturelle[1]. »

L'ancien régime était donc le régime de la confusion des pouvoirs. En l'absence de loi fondamentale, le roi les possédait tous et les exerçait à son gré.

Montesquieu et Rousseau, qui eurent une si grande influence sur les hommes et les faits de notre Révolution, ne firent pas eux-mêmes la distinction entre l'organe constituant et l'organe législatif. Ils contribuèrent cependant tous les deux, dans une certaine mesure, à faire éclore l'idée de la séparation des deux pouvoirs : Montesquieu, par le développement, inconnu jusqu'alors, qu'il donna à la théorie de la séparation des pouvoirs ; Rousseau, par le principe nouveau et séduisant de la souveraineté nationale, qu'il sut présenter avec beaucoup d'habi-

---

1. THIERS, *Histoire de la Révolution française*, T. 1er, page 52.

leté et une profonde conviction, bien que le fondement qu'il assigne à cette souveraineté nationale soit des plus contestables. C'est à ce titre que Rousseau peut être considéré comme le précurseur de la théorie de la séparation des pouvoirs constituants et constitués, qui est regardé par certains comme une conséquence nécessaire et inévitable de la souveraineté du peuple.

C'est en vertu de ce principe que certains auteurs, Faustin-Hélie entre autres, affirment que le pouvoir constituant ne devrait pas être mis entre les mains du pouvoir législatif, et cela pour deux raisons : d'abord, pensent-ils, si le pouvoir législatif le possédait, il absorberait l'État et tiendrait dans sa dépendance le chef de l'État et les tribunaux ; alors la séparation des pouvoirs voulue par la déclaration des droits de 1789 serait anéantie. Ensuite, les lois constitutionnelles diffèrent essentiellement des lois ordinaires : elles sont leur loi, de là la nécessité qu'elles aient un organe distinct. Ces affirmations n'ont rien de convaincant.

La séparation des deux pouvoirs ne s'impose pas; elle a seulement en général pour résultat de rendre la constitution plus stable. C'est là un avantage pour les uns ; cela paraît regrettable à d'autres. De plus, les lois constitutionnelles, ne sont pas d'une nature autre que les lois ordinaires. Commé nous le disions précédemment, l'objet seul d'une loi ne lui donne pas le caractère constitutionnel ; de sorte que telle matière peut passer du domaine constitutionnel dans le domaine législatif et réciproquement. Cela s'est d'ailleurs vu plusieurs fois. Ainsi, par exemple, l'article 9 de la loi du 25 février 1875 sur le siège du gouvernement à Versailles a été abrogé purement et simplement par l'acte du Congrès du 21 juin 1879, et c'est une loi ordinaire qui fixe aujourd'hui, chez nous, le lieu où réside le gouvernement. La Révolution aussi fait passer certaines lois du domaine constitutionnel dans le domaine législatif, si bien qu'on peut se demander s'il y a des lois qui soient constitutionnelles naturellement, ou si toutes ne le sont que par accident.

La question de la procédure constitutionnelle n'est pas plus éclaircie que celle de l'organe constituant. On se demande, en effet, si la procédure législative ordinaire est suffisante, ou bien s'il faut organiser une procédure spéciale plus solennelle, comme la nécessité d'une majorité spéciale ou le vote de plusieurs législatures.

Enfin, la loi constitutionnelle sera-t-elle parfaite par le vote de l'organe constituant? faudra-t-il, au contraire, la sanction du pouvoir exécutif ou la ratification du peuple, plébiscite ou referendum ?

Toutes ces questions ont été résolues différemment par les diverses constitutions qui ont régi notre pays depuis cent ans. Les unes ouvraient la porte toute grande à la revision, les constitutions républicaines, en admettant la revision totale, mais se munissaient de tant de précautions, que la revision était impossible; les autres, les constitutions monarchiques, n'admettent que la revision partielle, mais la rendent si facile que la constitution en est instable. Malgré cette diversité, presque toutes nos constitutions tombèrent à la suite d'émeutes ou de coups d'État. Les différents systèmes essayés n'étaient donc pas bons; tous présentaient donc des vices qui en empêchaient le fonctionnement normal.

Ce sont ces vices que nous allons chercher à découvrir. Nous ne nous proposons pas de faire une longue étude; nous chercherons seulement à mettre en lumière les points caractéristiques du système adopté, en écartant tous les détails qui n'eurent que peu d'influence sur le sort des constitutions étudiées.

Nous allons d'abord étudier dans l'ordre chronologique les différentes constitutions françaises, puis nous jetterons un coup d'œil sur les constitutions étrangères avant de terminer.

CHAPITRE Ier

Votée par les États généraux convoqués en 1789, et transformés le 20 juin en assemblée constituante, la Constitution de 1791 fut préparée par un comité de huit membres. La Constitution, élaborée pièce à pièce, donna lieu à des tiraillements étranges lorsqu'il fallut coordonner le tout. Cette œuvre de coordination, que l'on nomma revision, fut accomplie, dans le mois de juillet 1791, par l'ancien comité de constitution et un comité de revision qui lui fut adjoint.

La revision fut terminée le 31 août 1791, et la constitution fut votée dans son ensemble le 3 septembre.

Les constituants étaient si pénétrés de la perfection de leur œuvre, qu'ils ne songèrent pas d'abord à organiser le pouvoir constituant. Le rapport sur le projet de constitution présenté le 5 août 1791 par Thouret, au nom des deux comités de constitution et de revision, était muet sur cette question. Ce n'est qu'au moment où la constitution fut complètement votée qu'on songea à combler cette lacune.

Le dépôt du rapport de la commission nommée à cet effet eut lieu le 29 août 1791, et le plan des comités fut exposé par Chapelier, leur rapporteur. La discussion s'ouvrit aussitôt et dura jusqu'au 3 septembre.

C'est le 30 août que l'Assemblée, après avoir repoussé les projets de Malouet et de Pétion, adopta à l'unanimité la proposition de Tronchet, conçue dans les termes suivants :

« La Nation a le droit imprescriptible de revoir sa constitution quand il lui plaît ; mais l'Assemblée nationale déclare que son intérêt l'invite à suspendre l'exercice de ce droit pendant trente ans [1]. »

Le 31 août, après des discours prononcés par Frochot, Dandré, Barnave, Tronchet et Robespierre, les constituants votèrent une nouvelle proposition de Tronchet : « Lorsque trois législatures successives auront émis un vœu pour la revision de quelques articles constitutionnels, la quatrième sera chargée d'examiner les articles [2]. »

Les constituants pensèrent, en agissant ainsi, c'est Frochot qui nous le dit, que c'était le seul moyen d'empêcher que l'esprit de faction ou un engouement momentané ne vinssent sans cesse

1. *Moniteur* 1791, page 1010.
2. *Moniteur* 1791, page 1014.

ébranler les fondements de l'ordre politique.
L'idée fixe des auteurs de la Constitution de
1791, leur but, était donc de rendre la constitution aussi stable que possible. C'est ce besoin de
permanence des lois constitutionnelles qui fit
voter une nouvelle motion de Tronchet. Cette
proposition, soutenue par Barnave, éloignait
encore l'époque de la revision. Elle était ainsi
conçue : « En conséquence, et par les mêmes
vues d'intérêt général et de la nécessité d'attendre le secours de l'expérience, l'Assemblée nationale décrète qu'il ne pourra être fait aucune
motion pour la revision de la constitution avant
la troisième législature. [1] ».

Malheureusement, les deux votes des 30 et
31 août ne s'accordaient pas ensemble. On s'en
aperçut seulement le 2 septembre, et on s'em-
pressa de chercher à les concilier. Certains députés voulaient les maintenir tous les deux, sous
le prétexte que le premier visait la revision totale, laquelle appartient à la nation seule, tandis
que le second visait la revision partielle, laquelle
peut être faite par les mandataires du peuple. La
constituante n'admit pas cette manière de voir, et
fit disparaître de sa rédaction définitive le premier amendement Tronchet.

Cette rédaction définitive fut présentée enfin

---

1. *Moniteur* 1791, page 1022.

le 3 septembre par Thouret. Ce texte, le titre vii de la Constitution de 1791, fut voté sans nouvelle discussion, et complété par un amendement Frochot qui devint l'article 7.

C'est cette hésitation à reconnaître la revision qui fit inscrire, en tête du titre vii, la déclaration déclamatoire qui reconnaît le droit du peuple en matière constitutionnelle, mais qui s'empresse aussitôt de le restreindre en annonçant que la revision ne peut être faite que par une assemblée constituante.

« Article 1er. — L'Assemblée nationale constituante déclare que la Nation a le droit imprescriptible de changer sa constitution, et néanmoins, considérant qu'il est plus conforme à l'intérêt national d'user, seulement par les moyens pris dans la constitution même, du droit d'en réformer les articles dont l'expérience aurait fait sentir les inconvénients, décrète qu'il y sera procédé par une assemblée de revision en la forme suivante. »

La reconnaissance du droit du peuple en matière constitutionnelle, l'affirmation de sa souveraineté paraît à première vue inutile. Comment, dira-t-on, l'Assemblée constituante a-t-elle pu songer un moment, elle qui avait affirmé le droit du peuple de se donner un gouvernement, elle qui n'existait que par suite du mandat qu'elle prétendait tenir de la nation, comment a-t-elle pu songer à retirer à celle-ci le droit de modifier les institutions qu'elle lui avait données? « La même assemblée, qui avait reconnu la souveraineté du peuple, qui avait reconnu le droit qu'il avait de se donner un gouvernement, ne pouvait méconnaître son droit de le modifier, dit Lafayette [1].» Est-ce que le peuple est lié, en effet, par la forme du gouvernement qu'il lui a plu un jour de se donner? Si oui, c'est la condamnation de la constituante, puisque les Français du XVIII° siècle possédaient un gouvernement qu'ils avaient accepté, au moins tacitement.

Sans doute, le droit du peuple à modifier les institutions qui le régissent n'est plus nié aujourd'hui par personne; sans doute, un pareil principe affirmé dans nos lois constitutionnelles actuelles serait sans utilité. C'est qu'aujourd'hui, comme nous l'avons vu plus haut, le principe de la souveraineté nationale est pleinement reconnu par tous les partis, l'histoire nous ayant appris qu'il n'y avait pas d'institutions naturellement bonnes, parfaites en elles-mêmes.

Il n'en était pas de même à la fin du XVIII° siècle. La méconnaissance de tous les droits sous l'ancien régime, l'absence de toute liberté individuelle, en vertu du principe que le bon plaisir du monarque est la seule loi du royaume, devait

---

1. *Moniteur* 1791, page 1012.

forcément conduire les constituants à proclamer
à tout propos la souveraineté nationale, afin que
les représentants du peuple et les autorités publiques comprissent bien qu'ils n'étaient que les
mandataires du peuple et non ses maîtres, qu'il
y avait au-dessus d'eux la loi, à laquelle ils devaient conformer leurs actes.

D'un autre côté, un certain nombre de constituants, regardant leur œuvre comme la perfection même, voulaient décréter la perpétuité de
la constitution nouvelle. Car beaucoup d'esprits
d'alors, et non des moins éclairés, pensaient de
bonne foi pouvoir établir des institutions en tout
point conformes aux principes théoriques dont
ils étaient imbus et qu'ils croyaient naturels. Étant
donné cet état d'esprit, la Constitution de 1791, si
péniblement élaborée, toute métaphysique, paraissait à un certain nombre de constituants la
loi fondamentale idéale, parfaite, appelée un jour
à régir tous les peuples de l'univers. Hélas ! ils
devaient être bientôt détrompés ; ils allaient bien
vite s'apercevoir que cette constitution n'était
seulement pas bonne pour le peuple français
seul.

Il serait toutefois erroné de croire tous les
constituants imbus de ces idées chimériques.
Bien loin de là au contraire, tous les orateurs
qui se succédèrent à la tribune, Dandré, Chapelier, Frochot, Barnave, Tronchet, Robespierre,

affirmèrent la souveraineté du peuple en matière de revision, et proclamèrent son droit absolu. Ils craignaient, en effet, que quelques défauts de détail ne vinssent déprécier la constitution.

« La Nation, dit Chapelier, le 29 août 1791, a le droit de réformer sa constitution ; toute constitution sage doit renfermer les moyens d'arriver à sa perfection [1]. »

« Le pouvoir constituant est un effet de la pleine souveraineté, ajoute Barnave [2]. »

Il n'est pas étonnant que, devant l'unanimité des orateurs à proclamer le droit du peuple, l'Assemblée constituante crût devoir voter, le 30 août, la proposition Tronchet, qui débutait par la reconnaissance formelle du droit de revision : « La nation a le droit imprescriptible de revoir sa constitution quand il lui plaît [3]. »

Remarquons toutefois que, si la déclaration dont nous nous occupons peut se justifier assez facilement, il semble qu'elle n'est pas à sa place au commencement du titre VII, qu'elle aurait dû prendre place dans la Déclaration des droits qui précéde la constitution, puisque déclaration il y a. C'est ce que comprirent fort bien les auteurs de la Constitution de 1793, qui re-

1. *Moniteur* 1791, page 1006.
2. *Moniteur* 1791, page 1020.
3. *Moniteur* 1791, page 1012.

connurent le droit de revision dans l'article 28 de la Déclaration des droits, et se contentèrent seulement d'organiser la revision dans le corps de la constitution.

La Constituante aurait pu se contenter de poser le principe de la revision, se borner à reconnaître le droit de la nation. Certains de ses membres l'y invitèrent. En 1791, Regnault de Saint-Jean-d'Angély, notamment, demanda la question préalable sur toutes les propositions de revision, « parce que, dit-il, tout le monde convient que nous projetons une loi inutile, et que nous portons atteinte à la souveraineté nationale [1] ».

Nous avouons humblement ne pas comprendre en quoi l'organisation du pouvoir constituant dans la constitution peut atteindre la souveraineté nationale : si le peuple souverain n'est pas content de l'organisation votée, il n'a qu'à la faire modifier par une nouvelle assemblée de revision. Quant à l'inutilité de la clause de revision, nous n'y croyons pas. Nous sommes persuadé qu'une constitution complète et parfaite doit réglementer son mode de revision. Si quelque chose fut inutile dans l'œuvre de l'Assemblée constituante, ce n'est pas d'avoir organisé le pouvoir constituant, mais la manière dont

---

1. *Moniteur* 1791, page 1012

elle l'a organisé. Les événements allaient bientôt prouver qu'elle s'était trompée. L'organisation du pouvoir constituant est une partie essentielle de toute constitution, et, comme celle-ci, la clause de revision doit être fixée par écrit, au moins dans ses lignes générales.

L'Assemble constituante fit donc bien d'organiser la revision. Elle empêchait, en agissant ainsi, tout système de circonstance qui se serait certainement produit et qui aurait, sans nul doute, accaparé l'opinion publique chaque fois qu'il aurait été question de modifier quelque partie de la constitution, si elle n'avait pas prévu et organisé la revision.

Le préambule du décret présenté par les deux comités le 29 août, et dont le rapporteur fut Chapelier, admettait d'ailleurs la nécessité de restreindre le droit du peuple. « Considérant, disait Chapelier, qu'il faut que les formes par lesquelles la nation fera connaître son opinion, soient fixées de manière à ne pas entraîner des erreurs, et à ne pas donner à des mouvements tumultueux, ou à des délibérations irréfléchies, le caractère imposant de la volonté nationale, et qu'il faut fixer un délai auquel cette volonté sera examinée, délai qui ne doit être ni assez éloigné pour que la nation souffre de quelques parties vicieuses de son organisation sociale, ni assez rapproché pour que l'expérience n'ait pas eu le temps de donner de salutaires leçons, ou que l'esprit de parti, le souvenir des anciens préjugés prennent la place de la raison et de la justice, par lesquelles tous les citoyens doivent être guidés.:... »

Ces considérations parurent à la Constituante suffisantes pour lui faire adopter la seconde partie de l'article 1er du titre VII, qui limite le droit du peuple : « Et néanmoins, considérant qu'il est plus conforme à l'intérêt national d'user, seulement par les moyens pris dans la constitution même, du droit d'en réformer les articles dont l'expérience aurait fait sentir les inconvénients, décrète qu'il y sera procédé par une assemblée de revision en la forme suivante. » (Art. 1er.)

§ 1er

INITIATIVE DE LA REVISION

La Constitution de 1791 confie l'initiative de la revision au Corps législatif. Elle refuse toute participation au roi et au peuple dans la formation du vœu. L'accomplissement de la revision est confié à une assemblée spéciale, dont les résolutions, une fois votées, ont force de loi, abstraction faite de toute sanction du pouvoir exécutif et de ratification populaire.

D'après la Constitution de 1791, pour qu'un vœu de revision soit suivi d'effet, il faut qu'il soit voté d'une manière uniforme par trois législatures consécutives : « Lorsque trois législatures consécutives auront émis un vœu uniforme pour le changement de quelque article constitutionnel, dit l'article 2, il y aura lieu à la revision demandée. »

Toute législature pourrait faire un vœu de revision; seules les deux premières ne le pourraient pas : « La prochaine législature et la suivante, dit en effet l'article 3, ne pourront proposer la réforme d'aucun article constitutionnel. »

Mais, si toute législature avait le droit de proposer la réforme constitutionnelle, il ne lui était par permis néanmoins de former ce vœu en tout temps. L'article 4 nous dit en effet : « Des trois législatures qui pourront par la suite proposer quelques changements, les deux premières ne s'occuperont de cet objet que dans les deux derniers mois de leur dernière session, et la troisième à la fin de sa première session annuelle, ou au commencement de la seconde. » (Art. 4, § 1.)

La procédure du vœu constitutionnel était organisée de la même manière que la procédure législative ordinaire, sauf en ce qui concerne l'intervention du pouvoir exécutif. Le

Roi ne jouissait pas, en cette matière du droit de veto qu'il avait en matière législative. « Leurs délibérations sur cette matière seront soumises aux mêmes formes que les actes législatifs ; mais les décrets par lesquels elles auront émis leur vœu ne seront pas sujets à la sanction du Roi. » (Art. 4, § 2.)

La procédure législative se trouve organisée dans la section ii du chapitre iii du titre iii. Ce texte contient les dispositions suivantes :

« ARTICLE PREMIER. — Les délibérations du Corps législatif seront publiques, et les procès-verbaux de ses séances seront imprimés. »

« ART. 2. — Le Corps législatif pourra cependant, en toute occasion, se former en comité général. Cinquante membres auront le droit de l'exiger. Pendant la durée du comité général, les assistants se retireront, le fauteuil du président sera vacant, l'ordre sera maintenu par le vice-président. »

« ART. 3. — Aucun acte législatif ne pourra être délibéré et décrété que dans la forme suivante :

« ART. 4.— Il sera fait trois lectures du projet de décret, à trois intervalles, dont chacun ne pourra être moindre de huit jours. »

« ART. 5. — La discussion sera ouverte après chaque lecture, et néanmoins, après la première ou seconde lecture, le Corps législatif pourra déclarer qu'il y a lieu à l'ajournement, ou qu'il n'y a pas lieu à délibérer ; mais, dans ce dernier cas, le projet de décret pourra être représenté dans, la même session. Tout projet de décret sera imprimé et distribué avant que la seconde lecture puisse en être faite. »

« Art. 6. — Après la troisième lecture, le président sera tenu de mettre en délibération, et le Corps législatif décidera s'il se trouve en état de rendre un décret définitif, ou s'il doit renvoyer la décision à un autre temps pour recueillir de plus amples éclaircissements. »

« Art. 7. — Le Corps législatif ne peut délibérer, si la séance n'est composée de deux cents membres au moins, et aucun décret ne sera formé que par la pluralité absolue des suffrages. »

« Art. 8. — Tout projet de loi qui, soumis à la discussion, aura été rejeté après la troisième lecture, ne pourra être représenté dans la même session. »

« Art. 9. — Le préambule de tout décret définitif énoncera :

« 1º Les dates des séances auxquelles les trois lectures du projet auront été faites ;

« 2º Le décret par lequel il aura été arrêté, après la troisième lecture, de décider définitivement. »

« Art. 10. — Le Roi refusera sa sanction au décret dont le préambule n'attestera pas l'observation des formes ci-dessus. Si quelqu'un de ces décrets était sanctionné, les ministres ne pourront le sceller et le promulguer, et leur responsabilité à cet égard durera six années. »

« Art. 11. — Sont exceptés des dispositions ci-dessus les décrets reconnus et déclarés urgents par une déclaration préalable du Corps législatif ; mais ils peuvent être modifiés ou révoqués dans le cours de la même session. — Le décret par lequel la matière aura été déclarée urgente en énoncera les motifs, et il sera fait mention de ce décret préalable dans le préambule du décret définitif. »

Toutes ces dispositions étaient applicables au vœu constitutionnel, sauf celles contenues dans l'article 10, puisque l'article 4 du titre vii refuse au Roi le droit de veto en cette matière.

Si nous passons maintenant à l'examen des pouvoirs que la Constitution donne au Corps législatif en matière d'initiative constitutionnelle, nous verrons qu'ils ne sont pas illimités. En 1791, en effet, les vœux des législatures ne peuvent porter que sur des points de détail : la constitution ne peut être revisée en entier. Le titre vii ne le dit pas formellement ; mais notre opinion se fonde sur les termes employés

par les articles premier et second de ce texte :
« Considérant, dit l'article premier, qu'il est
plus conforme à l'intérêt national d'user, seulement par les moyens pris dans la constitution
même, du droit d'en réformer. »

« Lorsque trois législatures consécutives
auront émis un vœu uniforme pour le changement de quelque article constitutionnel, » ajoute
l'article 2.

Il nous semble que, si les constituants,
avaient eu en vue la revision totale, ils se seraient servis de quelque autre expression.

Quant à l'argument que certains veulent tirer
de l'article 7 du même titre, nous ne le croyons
pas de grande valeur. D'abord, rien ne dit que
cet article ne soit pas revisible comme les autres, puisque la règle est que le Corps législatif
peut proposer la revision de tous les articles de
la Constitution. Ensuite, cet article n'est pas
applicable aux législatures qui proposent la revision, mais seulement à l'Assemblée nationale,
qui est chargée de se prononcer sur ce vœu.

Quoi qu'il en soit de cet argument, nous pouvons suffisamment justifier notre opinion en
examinant les débats sur cette matière dans le
sein de la Constituante. Écoutons plutôt :

« Ce qui est essentiel à la Nation, qui jouit
d'une constitution fondamentalement bonne,
disait Thouret, c'est de pouvoir rectifier les dé-

fauts de détail. Il ne faut pas alors prévoir la nécessité d'une subversion totale dans une constitution fondée sur les bases immuables de la justice et les principes éternels de la raison[1]. »

« Autant nous regardons, disait Beaumetz, comme un devoir sacré de l'Assemblée nationale de déclarer solennellement le droit qu'a la Nation, tous les jours et à toute heure, de rechanger en entier sa constitution, autant nous sommes persuadés que l'exercice actif de ce droit est contraire à ses intérêts[2]. »

Des voix s'élevèrent cependant, sans être écoutées, en faveur de la revision totale. Dandré, par exemple, reconnaissait à la nation le droit de faire, à tout moment, des revisions totales. Frochot, de son côté, déclare que, s'il n'entendait pas que la revision partielle peut entraîner la revision totale, il ne voulait pas cependant proscrire la revision totale, et il distinguait deux hypothèses : la revision partielle serait accomplie par une convention nationale, la revision totale par le corps constituant, supérieur à tous les pouvoirs.

Malheureusement, la Constitution ne semble pas avoir admis cette distinction, puisqu'elle

1. *Moniteur* 1791, page 1030.
2. *Moniteur* 1791, page 1029.

oublie de nous dire quel est ce corps constituant, et quel est le moyen d'arriver à connaître ses volontés.

Le système suivi par la constitution que nous examinons en matière d'initiative constitutionnelle a été très critiqué, et il semble en effet assez critiquable. Non que les auteurs de cette constitution aient eu tort de confier l'initiative au Corps législatif, car ce procédé, suivi par un grand nombre de législations étrangères et par plusieurs de nos constitutions, est très bon ; mais ils commirent une grande faute en excluant le pouvoir exécutif. Quant au peuple, nous verrons qu'ils eurent peut-être raison de l'exclure. On aurait dû admettre au moins l'intervention du pouvoir exécutif. En 1791, les propositions en ce sens ne manquèrent d'ailleurs pas pendant la discussion du projet.

Chapelier proposa, au nom des comités, de partager l'initiative de la revision entre les citoyens, qui pourraient déposer des pétitions aux municipalités, l'Assemblée législative et le roi. L'assemblée aurait été appelée à donner son avis sur les pétitions formées d'une manière uniforme par la majorité des citoyens. Quant à la proposition royale, elle aurait été regardée comme non avenue, si trois législatures avaient refusé d'y adhérer. Ce projet fut appuyé par Salles et Buzot, mais combattu par Barnave, qui fit écarter la participation du peuple par les raisons suivantes, à savoir que les peuples tiennent encore plus au repos qu'à la liberté, et que, si l'on ne parvient pas à concilier ces deux besoins, ils finissent par préférer un esclavage tranquille à une liberté agitée. Il lui paraissait absurde de placer dans les assemblées primaires ou dans les pétitions individuelles l'initiative de la revision, et de substituer au plus parfait des gouvernements, le représentatif, le plus grand des fléaux, la démocratie pure. Il reconnaissait, d'ailleurs, qu'il fallait que la législature aille au devant des volontés du peuple.

« Le pouvoir constituant, disait-il le 31 août, est un effet de la pleine souveraineté. Le peuple nous l'a transmis pour une fois ; il s'en est dépouillé, mais il n'a entendu ni pu entendre nous confier sa souveraineté, pour limiter, pour indiquer après nous d'autres actes de souveraineté..... Mais nous pouvons prévenir, par un mode paisible et conservateur pris dans la constitution, la provocation de ce vœu spontané du peuple, qui n'arrive jamais que par la souffrance [1]. »

Malouet, qui prit le premier la parole après le rapporteur Chapelier, proposa que, jusqu'en 1793, la Constitution fût considérée comme pro-

----

1. *Moniteur* 1791, page 1020.

visoire ; que, pendant ce temps, les citoyens eussent le droit d'expliquer verbalement, ou par la voie de la presse, ce qu'ils y trouvaient à redire ; que le roi pût déclarer également les modifications qui lui paraîtraient nécessaires.

Un amendement du député Goupil tendait aussi à donner l'initiative au roi, en la partageant entre lui et le Corps législatif, mais en consultant directement le peuple. Cet amendement ne fut même pas pris en considération.

Dandré proposait seulement que le vœu émis par la première législature fût confié au roi, représentant héréditaire de la nation, pour que le roi fît des observations sur ce décret, qu'il était d'ailleurs chargé de présenter à la législature suivante. Cette proposition raisonnable et modérée rencontra cependant une très vive opposition dans l'Assemblée. Elle fut combattue par Prieur et Beaumetz. Le député Biozat s'éleva aussi contre elle, et déclara ne pas reconnaître au roi le droit de faire des observations, parce qu'il n'avait rien à revoir dans la constitution, et n'avait aucune part dans l'exercice de la fonction constituante. Son rôle, lorsqu'on lui présentait un décret constitutionnel, se bornait à l'accepter purement et simplement. Il ne pouvait pas s'opposer au vœu du peuple manifesté par trois législatures. Un autre membre fit encore observer que le veto du roi était inutile, et qu'il était suppléé par le consentement de ces trois législatures successives, puisqu'il ne pouvait jamais tendre qu'à provoquer ce consentement. Devant cette explosion d'opinions contraires, l'amendement Dandré fut retiré par son auteur.

Enfin, le député Goupil chercha à faire admettre, mais en vain, un nouvel amendement qui confiait au peuple le soin de se prononcer en dernier ressort sur la demande de revision formulée par le Corps législatif.

Cette proscription du roi et du peuple fut donc bien voulue par la Constituante. Avertie, elle ne craignit point les inconvénients et les dangers du système suivi par elle. Il aurait fallu donner l'initiative au pouvoir exécutif, puisqu'on la refusait au peuple. Le Corps législatif seul n'aurait jamais sollicité une réforme contraire à ses prérogatives. Il est vrai que les constituants de 1791, en refusant au gouvernement le droit d'initiative en matière constitutionnelle, ne faisaient qu'appliquer le système qu'ils avaient admis en matière législative. On sait, en effet, que l'initiative était exclusivement réservée aux représentants dans la Constitution de 1791. Le roi ne pouvait seulement qu'inviter les assemblées à prendre en considération tel ou tel objet .

1. Article 1er, section IV, chapitre III, titre III de la Constitution de 1791.

Les constituants aggravèrent leur erreur en refusant au roi même cette demande de prise en considération, et surtout en lui refusant la sanction suspensive dont il jouissait en matière législative. Qu'on n'aille pas dire que,si le vœu du Corps législatif était soumis à la sanction du roi, la nation se trouverait dans l'impossibilité de reviser la partie de la Constitution relative à la royauté, puisque cette sanction n'était que suspensive.

Cette faute s'explique toutefois par le caractère de la monarchie constitutionnelle bâtarde, dont une assemblée imbue de principes républicains,mais n'osant pas détruire lepouvoir royal, venait de doter le pays. C'est en vertu de ce principe que les décrets constitutionnels de la constituante ne furent pas soumis à la sanction royale.

Nous venons de voir que les auteurs de la cohstitution que nous examinons commirent une faute grave en refusant au gouvernement toute participation dans l'initiative constitutionnelle ; ils tombèrent dans une erreur encore bien plus regrettable en ajournant indéfiniment la revision.

Nous avons vu, en effet, qu'en 1791 il fallait, avant que l'assemblée de revision pût se réunir, le vœu de trois législatures successives [1], autre-

1. Article 2 du titre vii de la Constitution de 1791.

ment dit un délai de six ans, puisque la durée de chaque législature était de deux années. Ce n'était pas encore assez, car les deux premières législatures ne pouvaient faire aucun vœu [1]. Si on ajoute ces quatre nouvelles années aux six précédentes, on voit que la Constitution de 1791 n'aurait pu être revisée pour la première fois qu'au bout de 10 ans, c'est-à-dire en l'année 1801. Or, en 1801, la France en était déjà à sa quatrième constitution.

Remarquons que, si l'assemblée de revision eût pu se réunir en 1801, elle ne devait pas se réunir forcément à cette époque. Le rapporteur du projet de constitution, Chapelier, avait proposé de fixer un certain délai pour reviser la constitution ; mais il demandait qu'une assemblée de revision fût convoquée obligatoirement en 1800. Cette assemblée aurait eu à examiner si les pouvoirs publics étaient restés dans les bornes fixées par la constitution, et à corriger les vices qu'on aurait pu remarquer dans cette dernière. Le projet de Chapelier n'admettait pas d'ailleurs que la revision totale ou partielle pût être demandée par le roi ou l'assemblée avant le 1er juillet 1795, par les citoyens des départements avant le 1er janvier 1796.

Malouet n'eut pas de peine à démontrer que

____

1. Article 3 du titre VII de la Constitution de 1791,

fixer une époque de revision pour une constitution qui n'avait pas encore été essayée, c'était une tentative chimérique et absurde.

L'Assemblée constituante passa outre à ces considérations en votant, à la presque unanimité, le 30 août, le projet de Tronchet, qui invitait le peuple à suspendre son droit pendant trente ans [1]. Ce délai de trente ans fut violèmment attaqué au sein de la constituante : « Dire que ce changement ne sera pas utile avant trente ans, avant cent ans, c'est-à-dire faire supposer qu'il sera utile après, ce n'est guère songer au bonheur et à la tranquillité de la génération suivante, et ne pas donner lieu à nos enfants de bénir notre sagesse [2]. »

M. de Larochefoucauld fit aussi remarquer qu'il serait bon d'examiner s'il n'y aurait pas moyen d'avoir des assemblées de revision au moment où on les jugerait nécessaires, et le général Lafayette déclara que l'assemblée ne pouvait confisquer la souveraineté du peuple, ni pendant trente ans, ni pendant vingt ans, au profit de telle ou telle constitution; qu'il fallait se borner à reconnaître le droit de la nation, et à en soumettre l'exercice à certaines formes régulières.

---

1. Voir le texte de l'amendement Tronchet, *supra* page 24.
2. Duport. *Moniteur* 1791, page 1028.

Ce sont, sans doute, ces protestations qui influèrent sur la commission de huit membres, et qui lui firent effacer dans le projet Tronchet le délai de trente ans. Cette suppression fut faite sur la proposition du constituant Thouret.

« C'est d'après cela, disait Thouret, que nous pensons qu'il faut supprimer cette invitation de ne point exercer le pouvoir constituant avant trente ans ; car, quoique cette invitation ait pour objet d'éloigner l'usage du corps constituant, elle aurait l'effet réel et substantiel, pour plusieurs esprits, d'être une espèce de convocation du corps constituant dans trente ans ; et, depuis que vous avez rendu le remède d'un corps constituant presque inutile, elle a perdu tous ses avantages, et il ne reste plus que l'inconvénient dont je parle [1]. »

Le texte adopté en définitive n'écartait donc la revision que pendant dix ans, comme nous venons de le voir. Ce délai était encore beaucoup trop long. Aussi, le résultat auquel arrivait la Constitution de 1791 était de rendre impossible la modification de la loi constitutionnelle. Ce résultat n'était pas logique, comme le fit remarquer Lafayette en 1791. Le général prétendait, en effet, que « la même assemblée qui avait reconnu la souveraineté du peuple, qui avait

_____

1. *Moniteur* 1791, page 1030.

reconnu le droit qu'il avait de se donner un gouvernement, ne pouvait méconnaître son droit de le modifier [1]. »

§ 2

FORMALITÉS DE LA REVISION

La Constitution de 1791 s'occupe de cette matière dans les articles 5 à 8 du titre VII. Ces textes sont ainsi conçus :

ART. 5. — La quatrième législature, augmentée de deux cent quarante-neuf membres élus en chaque département, par doublement du nombre ordinaire qu'il fournit pour sa population, formera l'assemblée de revision.

« Ces deux cent quarante-neuf membres seront élus après que la nomination des représentants au Corps législatif aura été terminée, et il en sera fait un procès-verbal séparé.

« L'assemblée de revision ne sera composée que d'une chambre.

« ART. 6. — Les membres de la troisième législature qui aura demandé le changement ne pourront être élus à l'assemblée de revision.

« ART. 7. — Les membres de l'assemblée de

1. *Moniteur* 1791, page 1012.

revision, après avoir prononcé tous ensemble le serment de vivre libres ou mourir, prêteront individuellement celui de se borner à statuer sur les objets qui leur auront été soumis par le vœu uniforme des trois législatures précédentes, à maintenir au surplus, de tout leur pouvoir, la constitution du royaume décrétée par l'Assemblée nationale constituante aux années 1789, 1790 et 1791, et d'être en tout fidèles à la nation, à la loi et au roi.

« ART. 8. — L'assemblée de revision sera tenue de s'occuper ensuite et sans délai des objets qui auront été soumis à son examen ; aussitôt que son travail sera terminé, les deux cent quarante-neuf membres nommés en augmentation se retireront, sans pouvoir prendre part en aucun cas aux actes législatifs. »

Notre constitution confiait donc l'accomplissement de la revision à une assemblée spéciale.

L'Assemblée constituante avait été demandée, en 1791, par le rapporteur des deux comités de constitution et de revision, Chapelier, qui avait proposé la création d'une chambre spéciale, investie de l'exercice du pouvoir constituant. Cette assemblée se serait réunie en 1800, ailleurs qu'à Paris, et aurait été composée des membres de l'Assemblée législative, auxquels se seraient joints deux cent quarante-neuf autres députés,

Le projet de Chapelier fut défendu par Sieyès et Lafayette. Ce dernier, imbu des idées américaines sur la séparation absolue des pouvoirs, y adhéra même chaleureusement ; mais tous ses efforts échouèrent contre le parti pris de la constituante, qui ne pouvait se faire à l'idée qu'un jour, peut-être prochain, une autre assemblée constituante, munie comme elle de pleins pouvoirs, pourrait détruire une œuvre si laborieusement préparée.

L'extrême gauche ne fut pas plus heureuse dans ses prétentions. Les députés de ce parti demandaient l'institution de conventions nationales, se rassemblant régulièrement et périodiquement sans aucune convocation. Ils chargeaient ces assemblées de reviser la constitution et de la refaire au besoin. Un des orateurs du parti, Pétion, proposait en conséquence la réunion des conventions nationales tous les vingt ans, et de la première en l'année 1800. Dans la pensée de ce constituant, les conventions auraient été munies de pleins pouvoirs.

La motion de Pétion et des représentants de l'extrême gauche fut repoussée à la presque unanimité par l'Assemblée constituante. Elle craignait, en l'admettant, de soulever des révolutions périodiques.

Enfin, un autre constituant, Dandré, tout en admettant les conventions nationales en principe, ne voulait pas qu'elles fussent périodiques, et demandait que la première ne pût se réunir avant trente ans? Cette proposition fut aussi rejetée, bien que conforme à l'état d'âme du plus grand nombre. On eut peur cependant de provoquer l'insurrection en enchaînant pendant trop longtemps la volonté et les droits souverains du peuple.

C'est cette crainte de la révolution permanente, crainte entretenue par les adversaires de l'Assemblée constituante, qui fit rejeter toute idée d'assemblée constituante distincte de l'Assemblée législative, et fit écarter le principe de la séparation entre le pouvoir constituant et les pouvoirs constitués. Alors on s'arrêta à une solution mixte, qui devait, dans la pensée de ses auteurs, mettre tout le monde d'accord. Ce système empêchait aussi les tentatives du Corps législatif de se transformer de sa propre autorité en assemblée constituante.

L'assemblée de revision créée par la Constitution de 1791 aurait donc été composée de la quatrième législature, augmentée de deux cent quarante-neuf membres [1]. Ce système n'était pas bon. D'ailleurs, par l'adjonction aux députés titulaires de deux cent quarante-neuf représentants éphémères, l'assemblée revisante, s'il en était ja-

---

1. Titre VIII, article 8.

mais venu une, n'aurait eu que l'apparence d'une
constituante; car les deux cent quarante-neuf délégués de passage se seraient trouvés dans une situation inférieure aux députés destinés à former le
Corps législatif et, par suite, sans influence sérieuse
sur les décisions à prendre : « Lorsque ces vœux
auront été répétés trois fois par des législatures
ayant le même esprit et le même intérêt, une
quatrième ayant le même esprit et le même intérêt sera assemblée de revision. On lui adjoindra
deux cent quarante-neuf membres, c'est-à-dire
une impuissante minorité, en les supposant
même tous opposés au vœu émis [1]. »

Mais la nation pourra-t-elle au moins choisir librement parmi toutes les intelligences et
les célébrités du pays? La Constitution de 1791
y trouve sans doute certains inconvénients,
puisqu'elle décrète une incompatibilité particulière dans l'article 6 du titre VII. Ce texte décide,
en effet, que « les membres de la troisième
législature qui aura demandé le changement
ne pourront être élus à l'assemblée de revision ». Pourquoi cette exclusion? Pourquoi ne
pas laisser la nation libre dans le choix de
ses commettants? Pourquoi écarter de l'assemblée de revision les grandes capacités et les

1. Comte de Clermont-Tonnerre, *Analyse de la Constitution de
1791*, page 280 et suivante.

talents connus, et faire appel, pour un acte aussi
important, à des hommes nouveaux et par suite
inexpérimentés? Si la revision avait été immédiatement possible, une pareille mesure aurait
pu se comprendre : la Constituante pouvait se
défier de la partialité que ses membres apporte-
raient dans l'appréciation de l'œuvre qu'ils
avaient élaborée. Mais cette assemblée avait
décrété l'ajournement de la revision à dix ans.
Nous ne pouvons voir, dans cette disposition,
qu'une garantie de stabilité pour la constitution de 1791. Il faut aussi y voir une nouvelle
application de cet esprit de sacrifice et d'abnégation, qui apparaît si caractéristique dans
la séance du 16 mai 1791. Les constituants
s'étaient volontairement effacés devant l'Assemblée législative, et avaient décidé qu'ils ne
pourraient y être élus; il leur semblait donc
tout naturel, d'imposer la même obligation à
leurs successeurs, aux membres de la cin-
quième législature. On connaît le résultat d'un
tel système ; on sait ce que fut la législature: si,
par ses fruits, on peut juger de l'arbre, on voit
quelle était la valeur pratique du principe.

Cette exclusion des membres de la législa-
lature qui a voté la revision en dernier lieu,
forme un nouvel obstacle à l'éclosion d'une
demande de réforme. Il est facile de comprendre, en effet, que cette demande contrariera

l'intérêt personnel des membres de l'Assemblée législative ; dès lors, ils seront portés à ne pas la voter pour ne pas prononcer eux-mêmes leur exclusion de la future assemblée. M. de Clermont-Tonnerre, l'un des constituants de 1791, reconnaissait déjà, quelque temps après le vote de la Constitution, l'inconséquence de l'Assemblée constituante : « Ce titre [1] offre d'abord une singulière inconséquence. Il reconnaît à la nation le droit de changer sa constitution ; — ensuite, il décrète une loi d'après laquelle sera certainement puni quiconque fera l'un des actes par lesquels on peut arriver à l'exercice de ce droit naturel, que l'on vient de reconnaître imprescriptible. — Rien au monde n'est plus inconséquent : on s'étonne de la confiance avec laquelle on présente au peuple des choses aussi contradictoires. Si l'Assemblée voulait être conséquente, elle devait au moins ne mettre aucune entrave au droit du peuple, qu'elle déclare imprescriptible [2]. »

L'assemblée de revision, ainsi composée, ne formait qu'une chambre, et n'avait que des pouvoirs limités.

En décidant que l'assemblée de revision ne serait composée que d'une chambre, la Consti-

---

1. Titre VII de la Constitution de 1791.
2. COMTE DE CLERMONT-TONNERRE, *Analyse de la Constitution de 1791*, page 289.

tuante se montrait logique, puisqu'elle avait repoussé auparavant le partage du Corps législatif en deux assemblées, dans la crainte ridicule que ce dernier, s'il cessait d'être unique, ne pût représenter la volonté nationale.

Quant au pouvoir constituant de l'assemblée de revision, il était limité aux articles désignés par le vœu. Il était interdit aux représentants la composant d'empiéter sur le domaine législatif. Ils étaient, en effet, tenus par les deux serments, l'un collectif, l'autre individuel, qu'ils devaient prêter avant de se livrer aux travaux pour lesquels ils étaient appelés [1]. L'assemblée de revision n'a donc, dans cette constitution, de pouvoirs que pour les articles qui lui sont spécialement déférés. Ce système avait été préconisé par Chapelier. L'assemblée de revision proposée par ce constituant aurait eu à examiner si les pouvoirs constitués étaient restés dans les bornes de la constitution, et à délibérer sur les demandes de réformes. Mais Chapelier repoussait l'idée d'une convention générale à époque fixe, investie de toute la puissance nationale. Une telle assemblée, pensait-il, donnerait lieu à une alarme générale qui fatiguerait les citoyens dans l'année qui la précéderait. Il repoussait

---

1. Titre VII, article 7.

aussi les conventions périodiques, « bonnes
seulement dans un état républicain, mais qui,
en France, seraient toujours l'époque d'une
révolution [1] ».

Dandré s'était cependant élevé contre la
limitation de la revision, contre ce qu'il appelait
les mandats limitatifs d'objets, en alléguant la
connexité des articles constitutionnels, et en
prétendant que la revision d'un article peut nécessiter celle d'un ou de plusieurs autres. Il di
sait que l'article ne visait que les revisions partielles seulement.

Ce besoin de limiter les pouvoirs de l'assemblée de revision par le projet législatif était évi-
demment inspiré par l'idée que la Constitution
était parfaite.

L'assemblée de revision n'avait pas le droit
enfin de s'immiscer dans les matières législatives. Si la loi constitutionnelle est faite par un
organe spécial, si les assemblées législatives
continuent d'exister, on comprend très bien que
cet organe distinct ne doive pas s'occuper d'autre chose. Il est vrai que l'assemblée de revision de 1791 comprenait les membres du Corps
législatif, auxquels on adjoignait 249 autres députés spéciaux à la revision. Mais ce n'est pas
une raison pour investir les uns et les autres du

1. *Moniteur* 1791, page 1005.

pouvoir législatif. Si le vote d'une loi était absolument urgent pendant la durée d'une telle assemblée, on aurait dû décider, comme on l'a
décidé depuis, sous le régime de la Constitution
actuelle, que les membres du Corps législatif se
seraient réunis pour légiférer, à l'exclusion des
249 autres membres.

En 1791, la réforme, aussitôt votée par l'assemblée de revision, devenait loi, sans avoir
besoin de la sanction du roi ni de la ratification
populaire.

Le système suivi par cette constitution n'est
pas pratique. Les auteurs de cet acte étaient
surtout préoccupés d'assurer la stabilité d'une
œuvre qu'ils considéraient comme presque
parfaite. Ils ne faisaient qu'entr'ouvrir la porte à
la réforme constitutionnelle. Nous croyons, au
contraire, qu'il faut l'ouvrir toute grande. Gêner
par des restrictions le peuple en qui on reconnaît que réside la souveraineté, c'est porter atteinte à cette souveraineté elle-même. Il ne faut
pas faire du pouvoir constituant une autorité
trop difficile à mettre en mouvement. La constitution, en effet, comme toute œuvre humaine,
est nécessairement imparfaite ; elle est destinée
à se perfectionner, à se conformer aux mœurs
et aux besoins nouveaux de la population à laquelle elle s'applique, mœurs et besoins qui
se modifient et progressent sans cesse, à

mesure que la société avance dans la voie de la civilisation. Une constitution qui s'oppose à sa revision est fatalement destinée à être emportée par la tourmente révolutionnaire. Or, la révolution est l'application du système de la force : elle est toujours regrettable, même si le but poursuivi en la faisant est juste. On ne sait jamais jusqu'où elle conduit, et elle affaiblit le sentiment de la légalité. Bien aveugles étaient donc les membres de la Constituante, s'ils pensaient assurer la durée de la constitution qu'ils votèrent, en l'empêchant d'être améliorée. Imbus d'idées métaphysiques, ces hommes ne se préoccupaient pas assez des faits : ils se figuraient qu'ils n'avaient qu'à décréter pour être obéis. C'est pour cela qu'ils crurent suffisant de reconnaître au peuple le droit de revoir sa loi fondamentale, espérant bien que celui-ci s'en contenterait, sans se préoccuper si cette loi ne lui était pas imposée pour un temps indéfini, par suite des précautions multiples que le législateur avait prises pour entraver l'initiative et l'empêcher de prendre naissance.

Tous les obstacles possibles, en effet, furent recherchés : c'est ainsi qu'on fixe aux assemblées législatives un temps précis en dehors duquel elles ne pourront pas s'occuper de cet objet ; qu'on exige le vœu uniforme de plusieurs législatures ou plusieurs délibérations sur ce vœu, à de grands intervalles entre elles ; c'est encore la punition infligée aux députés qui croient nécessaire de reviser la constitution.

Eh bien, toutes ces précautions étaient illusoires. La Constitution de 1791, loin d'être immuable, fut une de celles qui régirent notre pays pendant le moins de temps : elle dura un an à peine, du 1er octobre 1791 au 21 septembre 1792.

CHAPITRE II

CONSTITUTION DU 24 JUIN 1793

La Constitution de 1793 fut l'œuvre de la
Convention nationale, convoquée par l'Assemblée législative. Cette assemblée se réunit le
21 septembre 1792. Le 11 octobre, elle nomme
un comité de constitution dont le rapport fut déposé le 15 février 1793. La discussion commença
le 17 avril ; elle fut interrompue par les insur-
rections du 31 mai et 2 juin, à la suite desquelles on abandonna le projet en discussion. La
Convention chargea alors le Comité de salut public de préparer un nouveau projet. Le nouveau
comité travailla avec ardeur, et, dès le 10 juin,
Hérault de Séchelles déposait son rapport. La
discussion non plus ne prit pas de longues
séances ; commencée le 11 juin, elle était terminée le 24.

La Constitution devait être ratifiée par le peuple. Le résultat de la consultation populaire fut
proclamé à la séance du 9 août 1793 ; il y avait
1,801,918 voix pour l'acceptation et 1,610 contre.

Avec la Constitution de 1793, nous tombons
dans les utopies. Cette constitution, œuvre de

théoriciens, est impraticable. Comme la constitution que nous venons d'examiner, elle prévoit
sa revision, mais elle tombe dans l'excès contraire : elle fait la revision si facile, qu'il est permis de penser que, si cette constitution avait été
mise en pratique, elle aurait été complètement
méconnaissable au bout de très peu de temps.

Le droit de modifier la constitution est d'abord
reconnu dans l'article 28 de la déclaration des
droits qui précède l'acte constitutionnel proprement dit : « Un peuple a toujours le droit de revoir, de réformer et de changer sa constitution,
dit ce texte. Une génération ne peut assujétir à
ses lois les générations futures.» Quelque bonne
en effet que soit une loi, elle est toujours sus-
ceptible d'améliorations ; si elle est mauvaise,
vieille ou jeune, elle doit disparaître. Le projet
Girondin, discuté avant le projet Montagnard, qui
devait devenir la Constitution de 1793, reconnaissait, lui aussi, la souveraineté constitutionnelle du peuple. « Un peuple, disait en effet Condorcet dans son rapport du 15 février, a toujours
le droit de revoir, de réformer et de changer sa
constitution. Une génération n'a pas le droit d'assujétir à ses lois les générations futures », et
l'article XXXIII de la déclaration des droits du
projet qu'il présentait ne faisait que répéter ces
paroles.

§ 1er

INITIATIVE DE LA REVISION

La constitution est donc toujours revisible, en totalité ou en partie, mais elle ne l'est que sur l'initiative du peuple. S'inspirant de Rousseau, qui avait dit que, si les députés sont les représentants du peuple pour les décrets, ils n'en sont que les mandataires pour les lois, la Convention admit l'intervention du peuple dans la confection des lois. En matière constitutionnelle, ce droit est inaliénable. Les assemblées primaires ont le droit de se réunir en tout temps, de leur propre mouvement, pour provoquer la revision de la constitution; et, lorsque, dans la moitié plus un des départements, le dixième des assemblées primaires a demandé la revision totale ou partielle, le Corps législatif est tenu de convoquer toutes les assemblées primaires, qui décident si la revision aura lieu.

« Art. 115. — Si, dans la moitié des départements plus un, le dixième des assemblées primaires de chacun d'eux, régulièrement formées, demande la revision de l'acte constitutionnel ou le changement de quelques-uns de ses articles, le Corps législatif est tenu de convoquer toutes les assemblées primaires de la République pour savoir s'il y a lieu à une Convention nationale. »

Le projet Girondin portait, lui aussi, que si la majorité des votants, dans les assemblées primaires d'un seul département, se prononçait pour la revision, « le Corps législatif était tenu de consulter sur-le-champ tous les citoyens de la République, réunis dans les assemblées primaires ; et, si la majorité des votants adoptait l'affirmative, la convention aurait eu lieu sans délai [1] ». D'après ce projet, si le Corps législatif refuse de convoquer la convention, l'insurrection est légitime, car il y a violation de la souveraineté nationale. Si la majorité désire une convention, dit l'exposé des motifs, l'assemblée des représentants sera obligée de l'indiquer. Le refus qu'elle ferait de convoquer les assemblées primaires est donc le seul cas où le droit d'insurrection puisse être légitimement employé ; et alors le motif en serait si clair, si universellement senti, le mouvement qui en résulterait serait si général, si irrésistible, que ce refus contraire à une loi positive dictée par la Nation même est hors de toute vraisemblance [2]. » Le

1. Titre ix, article 6.

2. Plan de constitution présenté à la Convention nationale les 15 et 16 février 1793, l'an II de la République. (Exposition des principes et des motifs, page 16.)

projet Girondin portait en outre que le Corps législatif,« plus à portée que les citoyens de sentir les vices de la constitution,de prévoir les abus auxquels elle peut conduire » [1], peut,sans attendre la demande de revision, prendre l'initiative de cette dernière. Mais il a seulement le droit d'exposer aux citoyens les défauts ou les dangers de la constitution, et ne peut que leur proposer la convocation d'une convention. Cette proposition doit être approuvée par la majorité du peuple français. Dans ce cas enfin, les membres de la législature sont inéligibles à la convention [2]. Dans l'acte Montagnard, au contraire, le Corps législatif et le Conseil exécutif sont exclus de l'initiative de la revision. En agissant ainsi, on voulait apaiser les départements et les rassurer sur la crainte d'une suprématie parisienne.

Bien que l'intervention du peuple en matière constituante soit conforme au principe théorique de la souveraineté nationale, il faut critiquer un système dans lequel la constitution peut toujours être revisée sur la demande des citoyens, dans lequel ceux-ci ont toujours le droit de s'assembler quand ils le jugent à propos. En effet, en reconnaissant au peuple le droit d'intervenir di-

---

1. Article 7, page 59.
2. Article 7 du projet.

rectement, à tout moment, dans l'initiative constitutionnelle, il est à craindre que, pour se prouver son droit, il n'y porte continuellement la main. Cette tendance fatale est on ne peut plus funeste. « Le législateur, dit Sismondi, ne doit toucher à la constitution qu'avec la lime, jamais avec la hache [1]. » En donnant le droit d'initiative au peuple, la hache servirait certainement bien plus souvent que la lime.

§ 2

FORMALITÉS DE LA REVISION

L'élaboration de la revision de la Constitution de 1793 est confiée à une convention nationale, formée de la même manière que la législature et qui en réunit tous les pouvoirs [2]. En ce qui concerne la constitution, cette assemblée ne peut s'occuper que des objets qui ont motivé sa convocation [3].

La convention nationale du projet Girondin était, au contraire, formée de deux membres par département, ayant deux suppléants, élus de la

1. SISMONDI, *Lois constitutionnelles*, introduction, page 25.
2. Article 116.
3. Article 117.

même manière que les membres de la législature [1]. Le pouvoir de cette assemblée restait spécial et distinct de celui du Corps législatif, qui continuait ses fonctions pendant les délibérations constitutionnelles. « La fonction purement théorique d'examiner une constitution, de la réformer pour la présenter à une acceptation avant laquelle cette constitution n'est encore qu'un ouvrage de philosophie, n'a rien de commun, disait Condorcet, rien qui puisse se confondre avec la fonction active de faire des lois de détail provisoirement obligatoires, et de prendre des mesures d'administration générale immédiatement exécutées [2]. » C'est pour ces raisons que les autorités établies par le projet de constitution devaient continuer leur action jusqu'à l'acceptation de la constitution revisée.

La Constitution de 1793 décide au contraire que, pendant la durée des conventions nationales, le Corps législatif suspendait ses séances, que ses pouvoirs passaient à la convention. Le projet du Comité, lui, laissait subsister le Corps législatif. De plus, au cours de la discussion, Ramel Nogaret défendit le projet Condorcet. Il prétendait qu'en l'adoptant, on ne pourrait renverser la constitution qu'après qu'une autre loi lui

---

1. Article 8.
2. *Exposition des principes et motifs*, page 60.

aurait été substituée, et qu'on sauverait ainsi le
peuple de l'état d'anarchie qui est la suite nécessaire du défaut de gouvernement. Thouret et surtout Robespierre, par des arguments de peu de
valeur, firent repousser l'article proposé par le
comité. Ils soutinrent que c'était absolument
contraire aux principes : « Un peuple qui a deux
espèces de représentants, dit Robespierre, cesse
d'être un peuple unique. Une double représentation est le germe du fédéralisme et de la guerre
civile..... N'avons-nous pas eu déjà deux conventions nationales qui ont réuni ces pouvoirs ?
Et ce sont elles qui ont maintenu la liberté publique. » Ces arguments étaient alors irrésistibles ; aussi ils l'emportèrent ici encore. Hérault
lui-même reconnut que Robespierre avait raison,
et l'article 116 fut voté.

En matière constitutionnelle, la convention
n'a que des pouvoirs limités [1]. Le projet Girondin, au contraire, donnait pleins pouvoirs à sa
convention. « Il faut, dit l'exposé des principes,
que la Convention, qui sera nécessairement
dirigée par l'esprit national, ait dans tous les
cas le pouvoir de donner même un plan nouveau. Il serait absurde qu'elle ne pût que réformer ou corriger un certain nombre d'articles ; car la manière de les changer peut

---

1. Article 117.

obliger à des corrections dans un grand nombre d'autres ; et, dans un ouvrage qui doit offrir un ensemble systématique, tout changement doit entraîner à un examen général, afin de pouvoir raccorder toutes les parties avec le nouvel élément introduit dans le système. » En ce faisant, les Girondins condamnaient leur constitution à une grande instabilité et à une déformation complète à bref délai.

Remarquons que, si la Constitution de 1793 limite les pouvoirs constitutionnels de la Convention, elle n'en limite pas la durée. D'après le projet Girondin, au contraire, les conventions ne siégeaient qu'un an [1]. Cette proposition fut écartée, malgré les efforts de Levasseur pour la faire adopter, après une assez longue discussion, au cours de laquelle on alla chercher des exemples jusque dans l'histoire de Rome.

Les dispositions relatives à la revision contenues dans les articles 115, 116 et 117, sont les seules que nous trouvions dans la Constitution de 1793 ; et, sur ce point, elle est assurément très incomplète, car elle omet de parler de la sanction populaire, nécessaire pour que les modifications constitutionnelles soient définitives. Il y a là certainement un oubli ; le principe suivant, posé par la Convention dès sa

---

1. Article 16.

première séance, ne permet pas d'en douter :
« La Convention nationale déclare qu'il ne
peut y avoir de constitution que lorsqu'elle a
été acceptée par le peuple [1]. » Conformément à
ce principe, la Convention soumit à la ratification populaire les deux constitutions qu'elle
rédigea [2]. C'était donc alors un principe général,
qui s'appliquait certainement aux modifications
constitutionnelles prévues par notre texte. Le
projet Girondin, lui, insiste au contraire sur ce
point. D'après lui, la convention nationale ne
fait pas la revision, elle se borne seulement à
présenter au peuple un projet de revision. Si
le peuple rejette ce projet, la convention doit,
dans les deux mois, « présenter aux suffrages
des citoyens les questions sur lesquelles elle
croira devoir connaître leur vœu. — Le nouveau plan, formé d'après l'expression de ce
vœu, sera présenté à l'acceptation du peuple
dans les mêmes formes. S'il est rejeté, la convention nationale sera dissoute de plein droit,
et le Corps législatif sera tenu de consulter sur-
le-champ les assemblées primaires pour savoir
s'il y a lieu à la convocation d'une convention
nouvelle [3] ».

Le projet Condorcet est d'ailleurs plus com-

1. *Moniteur* 1792, page 1130.
2. Celle de 1793 et celle de l'an III.
3. Articles 11, 12, 13.

plet que la constitution Montagnarde : ses auteurs ont été jusqu'à prévoir le cas où le peuple se montrerait indifférent au perfectionnement de ses lois fondamentales. Ils pensèrent que cette constitution, votée par une génération, ne devait pas s'imposer aux générations futures, et décidèrent en conséquence que la revision serait obligatoire 20 ans après l'acceptation de l'acte constitutionnel. A l'heure actuelle, on trouve une disposition analogue dans la constitution du canton suisse de Genève [1]. L'article 153 de cette loi décide en effet que, tous les quinze ans, la question de la revision totale de la constitution sera posée au Conseil général [2].

§ 3

CONCLUSION

La Constitution de 1793 pousse donc jusqu'aux extrêmes conséquences le principe de la souveraineté nationale. Ses auteurs étaient surtout des théoriciens. L'intervention directe du peuple dans le domaine législatif était peut-

1. Constitution du 24 mai 1847.
2. Corps électoral.

être tout à fait conforme au principe théorique
de la souveraineté nationale ; il n'en est pas
moins vrai que cette intervention d'un peuple
sans éducation politique, tel qu'était la na-
tion française de la fin XVIIIe siècle, aurait été
funeste. D'ailleurs, la participation directe du
peuple, quelque formé qu'il soit politiquement
parlant, n'est jamais bonne : la foule ne présente pas les garanties de prudence et de sagesse nécessaires à la bonne confection des
lois. Elle s'emballe trop facilement et ne présente pas assez d'esprit de suite.

Heureusement que la Constitution de 1793
fut aussitôt suspendue que votée[1]. L'organisation
du pouvoir constituant, spécialement, y est
absolument démagogique ; il est laissé au ca-
price de la multitude : le peuple n'est plus un
souverain dont la volonté agit d'après les lois
de la raison et les préceptes de la morale et du
droit naturel ; ce n'est qu'un maître fantasque et
tyrannique. Il en résulte l'instabilité constitutionnelle à l'état permanent. Les conventionnels
prirent donc le contre-pied des constituants en
supprimant toutes les entraves à la revision.

1. Loi du 19 vendémiaire an II (10 octobre 1793).

CHAPITRE III

CONSTITUTION DU 5 FRUCTIDOR AN III

Après le 9 thermidor, le parti jacobin ne cessait de réclamer la mise en vigueur de la constitution de 1793. La Convention promettait toujours, mais ne tenait jamais. Aussi, lassés des promesses non tenues, les sections des faubourgs s'agitaient. Le 1er germinal an III, elles marchent sur la Convention, et, le 12, elles envahissent la salle des séances. Ces menaces réussirent : la Convention déclara que la Constitution ne pouvait fonctionner avant le vote de lois organiques destinées à la rendre praticable. Elle nomma, en conséquence, une commission de onze membres, et la chargea d'étudier ces lois. (4 floréal.)

Les commissaires comprirent tout de suite que, pour rendre la constitution de 1793 pratique, il fallait la refaire. Aussi, au lieu de présenter un rapport sur les lois organiques, ils déposèrent un projet de constitution nouvelle, appelé à devenir la Constitution de l'an III, dont les principaux inspirateurs furent Boissy d'Anglas, Rewbell et Thibaudeau.

Le projet préparé par la commission des Onze fut pendant deux mois l'objet de discussions. Le rapport de la commission avait été présenté le 5 messidor an III par Boissy d'Anglas, et la constitution ne fut votée que le 5 fructidor de la même année (22 août 1795). Elle fut soumise aux assemblées primaires. Le résultat de cette consultation, proclamé le 1er vendémiaire an IV (28 septembre 1795), fut de 914,853 oui contre 49,977 non.

La Constitution de l'an III prévoit sa revision; cependant, comme en 1791, la clause constitutionnelle ne fut pas admise non plus tout d'abord par les auteurs de la Constitution de l'an III. La déclaration des droits, sans doute pour garantir tant soit peu la stabilité de la Constitution, ne parle pas de la revision. Le titre XIII ne figurait pas non plus dans le projet présenté par la commission des Onze. On l'y ajouta, après avoir repoussé une proposition de Sieyès demandant que l'on instituât une jurie constitutionnaire, se recrutant parmi les législateurs, et investie du droit d'annuler tous les actes qu'elle jugerait inconstitutionnels. Cette demande était basée sur l'absence de toute disposition pouvant défendre la loi contre les tentatives du Directoire ou du Corps législatif. La jurie constitutionnaire avait presque, dans la pensée de son auteur, une part de fonction constituante : « Il faut, disait Sieyès, à une constitution, comme à tout corps organisé, l'art de s'assimiler les matières de son juste développement. Nous lui donnons, en conséquence, la faculté de puiser sans cesse autour d'elle dans les lumières et l'expérience des siècles, afin qu'elle se tienne toujours au niveau des besoins contemporains. Cette faculté de perfectionnement indéfini est son véritable caractère ; ce n'est point le principe d'une reproduction totale [1]. »

La commission des Onze adopta l'idée de Sieyès ; mais, après deux jours de débats, la Convention la rejeta. Sa majorité estima sans doute, comme le fit remarquer Thibaudeau, que ce jury supérieur pourrait peu à peu devenir le maître, ce qui ne manquait pas de justesse ; elle pensa aussi que la division en deux chambres était une garantie contre les entreprises de l'une ou de l'autre, et que la Constitution se trouvait suffisamment protégée contre les entreprises du Directoire par la possibilité de le mettre en accusation. Les conventionnels, qui se flattaient d'avoir tout prévu, se trompaient étrangement à cet égard, comme la suite devait le démontrer.

Quelques conventionnels se montraient, eux

1. *Moniteur* an III, page 1312.

aussi, hostiles à la clause de revision. Philippe
Delleville, notamment, allait jusqu'à demander
la peine de mort contre quiconque proposerait
de faire des changements à la Constitution :
« Je crois que le bonheur du peuple, disait-il,
que le repos de l'humanité et la paix de l'Europe
entière exigent qu'on s'oppose à tout changement à cette Constitution. Je demande, en conséquence la question préalable sur le titre de la
revision ; je demanderais même qu'on pronon-
çât la peine de mort contre quiconque proposerait de faire des changements à la Constitution [1]. » Le *Moniteur* dit que cette proposition
fut accueillie par de violents murmures : vraiment, il y avait de quoi.

La nécessité d'une clause de revision est
d'ailleurs formulée dans le rapport de Boissy
d'Anglas avec la plus grande netteté : « Il faut,
dit-il, qu'il existe dans les lois d'un peuple des
moyens faciles de perfectionner la constitution,
d'en changer les diverses parties lorsque les
circonstances changent elles-mêmes. Il ne faut
pas que tout changement ne puisse s'opérer que
par une révolution. Il faut que la volonté du
peuple puisse se prononcer sans secousses, et
se manifester sans obstacles [2]. »

1. *Moniteur* an III, page 1336.
2. *Moniteur* an III, page 1145.

Le titre xiii qui organise la revision fut discuté le 25 thermidor an III (12 août 1795), et adopté sans grandes modifications au projet primitif.

§ 1er

INITIATIVE DE LA REVISION

La Constitution de l'an III suivit, en matière d'initiative constitutionnelle, le même système que la Constitution de 1791. Comme cette dernière, en effet, elle refuse toute participation au pouvoir exécutif et au peuple dans la formation du vœu. Le titre xiii de la Constitution de l'an III, comme le titre vii de celle de 1791, confie l'initiative au Corps législatif et entrave singulièrement son éclosion.

« Si l'expérience faisait sentir les inconvénients de quelques articles de la Constitution, le conseil des Anciens en proposerait la revision[1]. »

Remarquons, en passant, la forme conditionnelle donnée à cet article. Ce fut Hardy, l'un des conventionnels, qui, dans la séance du 25 thermidor, la fit admettre par les raisons suivantes : « Quoique je ne veuille pas qu'on

_____

1. Article 336.

prononce la peine de mort contre celui qui proposerait des changements à la constitution, je pense qu'il faut autant que possible en éviter les occasions, et tout ce qui peut en faire naître l'idée. C'est pourquoi je demanderais que l'article ne fût pas rédigé dans des termes absolus, mais au conditionnel. » Le rapporteur adopta ce système, et la commission des Onze le fit passer dans le rapport.

« La proposition du conseil des Anciens, est en ce cas soumise à la ratification du conseil des Cinq-Cents », ajoute l'article 337.

C'est donc l'interversion des rôles des deux conseils. En effet, en matière législative, c'est le conseil des Cinq-Cents qui propose, et le conseil des Anciens qui ratifie. (Articles 75 et 86.)

Mais ce vœu approuvé n'est pas encore suffisant pour que l'assemblée de revision se réunisse. Il faut encore attendre neuf années, pendant lesquelles le vœu doit être répété trois fois. C'est ce que dit l'article 338 : « Lorsque, dans un espace de neuf années, la proposition du conseil des Anciens, ratifiée par le conseil des Cinq-Cents, a été faite à trois époques, éloignées l'une de l'autre de trois années au moins, une assemblée de revision est convoquée. »

Il ressort de ces textes que la Constitution de l'an III, comme celle de 1791, s'efforce d'empê-

cher le vœu d'éclore en multipliant les formalités de procédure.

Si nous passons maintenant à l'examen des
pouvoirs du Corps législatif, nous verrons qu'il
faut encore la rapprocher de celle de 1791, en
constatant que, comme elle, elle ne semble prévoir
que la revision partielle. En l'an III comme en
1791, en effet, il n'y a qu'à examiner les textes
pour se rendre compte que seule la revision
partielle est permise.

Toutes les critiques que nous avons adres-
sées à la Constitution de 1791 sont applicables
à celle de l'an III. Toutes les deux, en effet, elles
donnent dans les mêmes erreurs, dont les principales sont l'exclusion du pouvoir exécutif et
l'ajournement indéfini de la revision. Les conventionnels se montrèrent même encore plus
exigeants que les constituants. En effet, à part
la première revision, qui ne pouvait avoir lieu
que dans un délai minimum de dix ans, toutes
les autres revisions ultérieures de la Constitution de 1791 n'attendaient que six ans. La Constitution de l'an III exige, elle, un délai de neuf
ans dans tous les cas, aussi bien pour la première que pour les revisions ultérieures. « Lorsque, dans un espace de neuf années, dit-elle,
la proposition du conseil des Anciens, ratifiée
par le conseil des Cinq-Cents, a été faite à trois
époques, éloignées l'une de l'autre de trois an-

nées au moins, une assemblée de revision est convoquée [1]. » Autant dire tout de suite qu'il n'y aura jamais lieu à revision : c'était sans doute l'espoir des auteurs de cette loi.

§ 2

FORMALITÉS DE LA REVISION

Dans l'organisation de l'accomplissement de la revision, les auteurs de la Constitution de l'an III mirent plus de soin que ceux de la Constitution de 1791. En l'an III, on fixe, en effet, la résidence de l'assemblée de revision, on établit une garantie spéciale pour les membres de cette assemblée ; on entre encore dans quelques autres détails dont l'autre constitution n'a cure.

Quoi qu'il en soit, nous allons voir que la Constitution de 1791 et celle de l'an III présentent de grandes analogies. Écoutons d'abord les textes. L'accomplissement de la revision est organisé dans les 12 articles de la Constitution numérotés de 339 à 350. Ces articles s'expriment ainsi :

« Art. 339. — Cette assemblée (l'assemblée de revision) est formée de deux membres par

---

1. Article 333 de la Constitution de l'an III.

département, tous élus de la même manière que les membres du Corps législatif et réunissant les mêmes conditions que celles exigées pour le conseil des Anciens. »

Les départements étant alors au nombre de 83, cela faisait 166 députés. L'assemblée de revision était donc bien peu nombreuse en 1795.

Les députés à l'assemblée de revision étaient élus au second degré (titre IV de la Constitution) et devaient être âgés de 40 ans accomplis, être mariés ou veufs, et domiciliés sur le territoire de la République depuis quinze ans au moins. Ce sont là les conditions exigées par l'article 83, pour être membre du conseil des Anciens.

« Art. 340. — Le conseil des Anciens désigne, pour la réunion de l'assemblée de revision, un lieu distant de vingt myriamètres au moins de celui où siège le Corps législatif.

« Art. 341. — L'assemblée de revision a le droit de changer le lieu de sa résidence, en observant la distance proscrite par l'article précédent.

« Art. 342. — L'assemblée de revision n'exerce aucune fonction législative ni de gouvernement; elle se borne à la revision des seuls articles constitutionnels qui lui ont été désignés par le Corps législatif.

« Art. 343. — Tous les articles de la constitution, sans exception, continuent d'être en vigueur, tant que les changements proposés par l'assemblée de revision n'ont pas été acceptés par le peuple.

« Art.344.— Les membres de l'assemblée de revision délibèrent en commun.

« Art.345.— Les citoyens qui sont membres du Corps législatif au moment où une assemblée de revision est convoquée, ne peuvent être élus membres de cette assemblée.

« Art. 346. — L'assemblée de revision adresse immédiatement aux assemblées primaires le projet de réforme qu'elle a arrêté.

« Elle est dissoute dès que le projet leur a été adressé.

« Art. 348.— En aucun cas, la durée de l'assemblée de revision ne peut excéder trois mois.

« Art.349.— Les membres de l'assemblée de revision ne peuvent être recherchés, accusés ni jugés, en aucun temps, pour ce qu'ils ont dit ou écrit dans l'exercice de leurs fonctions.

Pendant la durée de ces fonctions, ils ne peuvent être mis en jugement, si ce n'est par une décision des membres mêmes de l'assemblée de revision.

« Art. 349. — L'assemblée de revision n'assiste à aucune cérémonie publique; ses membres reçoivent la même indemnité que celle des membres du Corps législatif.

« Art. 350. — L'assemblée de revision a le

droit d'exercer ou faire exercer la police dans la commune où elle réside. »

En l'an III, de même qu'en 1791, on pensa, comme le fit remarquer le rapporteur, que ce n'est pas à la nation que doit appartenir directement le droit de reviser ; on crut que ce serait un sujet d'inquiétude, un prétexte à bouleversement. Mais, à l'encontre de 1791, on pensa que, si le Corps législatif est suffisamment éclairé pour être chargé seul de provoquer une réforme constitutionnelle, son rôle cependant devrait se borner à émettre un vœu en faveur de la revision, mais que l'accomplissement de celle-ci devrait être fait par une assemblée spéciale, tout à fait distincte du corps législatif. (Article 339.)

Nous avons vu plus haut que, en 1791, les assemblées de revision étaient plus nombreuses que les assemblées législatives ; elles sont, au contraire, moins nombreuses en l'an III.

Il y a deux écueils à éviter dans la constitution d'une assemblée constituante : qu'elle soit si nombreuse qu'elle devienne une foule, et qu'elle soit si peu nombreuse qu'elle ne soit qu'une commission facile à corrompre. La Constitution de 1791 s'est heurtée au premier, celle de l'an III au second écueil.

Pourquoi, en effet, 166 membres seulement ? puisque les auteurs de la Constitution de l'an III avaient jugé que le concours de 750 intelligences n'était pas de trop pour élaborer les lois. La revision du pacte fondamental était donc, dans leur pensée, une chose moins grave que l'élaboration d'une règle relative à quelques intérêts privés. Il est vrai que 166 personnes forment un nombre assez respectable, qui coûterait cher à celui qui voudrait corrompre; mais il est non moins vrai qu'une assemblée si peu nombreuse ne peut pas avoir la prétention de représenter le pays tel qu'il est, quand ce pays est la France de 1795, dans laquelle les partis politiques étaient d'autant plus nombreux que l'anarchie avait été plus grande. L'assemblée de revision n'était donc qu'une commission, et c'est là ce qu'avaient voulu ses organisateurs, puisqu'ils ne la chargeaient que de préparer des projets de réformes qui ne devenaient effectives qu'après la sanction populaire.

Si les conventionnels s'éloignèrent du système suivi par les constituants de 1791 en créant une assemblée de revision peu nombreuse, ils s'en inspirèrent néanmoins en proclamant que les membres de cette assemblée ne pourraient être pris parmi les citoyens membres du Corps législatif au moment où une assemblée de revision est convoquée. (Article 345.) Quelle est la raison de cette exclusion ?

En l'an III, il ne faut pas rechercher la raison de l'incompatibilité prescrite par l'article 345 dans l'état d'esprit des conventionnels. Loin d'être portés à l'abnégation et de s'effacer devant le Corps législatif, comme le firent les constituants de 1791, ils décidèrent, avant de se séparer, que les deux tiers au moins du Corps législatif qu'ils venaient de créer seraient nécessairement choisis parmi les membres de la Convention. La décision de l'an III s'explique cependant bien mieux que celle de 1791. Le Corps législatif, en effet, continuait d'exister pendant que l'assemblée de revision était réunie. Or, comme celle-ci ne pouvait siéger, en vertu de l'article 340, qu'en un lieu distant d'au moins vingt myriamètres de celui où siégeait le Corps législatif, on jugea, sans doute, qu'il y aurait impossibilité matérielle à ce qu'un député appartenant aux deux assemblées pût y siéger. En 1791, au contraire, cette impossibilité matérielle n'existait pas, puisque le Corps législatif se confondait dans l'assemblée de revision. De plus, l'article 345 ne créait guère une entrave à la revision, puisque les députés qui la votaient n'étaient pas privés de leur siège au Corps législatif, mais seulement d'un siège éphémère à l'assemblée de revision. Or, la punition n'était guère grave, puisque l'assemblée de revision n'était nommée que pour trois mois, tandis que le Corps législatif l'était pour trois ans. En 1791, au contraire, le député était privé de son siège, non seulement pendant la durée de l'assemblée de revision, mais aussi pendant les deux ans de durée de la législature.

C'est sans doute pour la raison que nous avons vue plus haut [1], c'est-à-dire que c'est parce que l'assemblée de revision ne fait que des projets de réformes qu'on supprima, en l'an III, la garantie des deux chambres, que l'on considérait alors comme nécessaire en matière législative. Les constituants de 1791, en agissant ainsi, ne faisaient que suivre les principes posés ; les conventionnels de l'an III les violaient, et on ne le comprendrait pas, si l'assemblée de revision n'était autre chose qu'une commission , si ces votes étaient définitifs.

L'assemblée de revision ainsi composée n'avait pas de pouvoirs illimités. Comme en 1791, son pouvoir constituant était limité aux articles désignés par le vœu du Corps législatif, et il lui était interdit d'empiéter sur le domaine de ce dernier.

C'est Guiyomard et Reveillère qui firent adopter, en l'an III, la limitation des pouvoirs constitutionnels de l'assemblée de revision : « Je demande, disaient-ils en leur amendement, que la revision soit bornée aux seuls articles de la Constitution auxquels le Corps législatif aura proposé de faire des changements..... [2] »

1. Page 82.
2. *Moniteur* an III, page 1886.

Dans la séance du 25 thermidor, Lareveillère-Lépeaux indiqua les raisons qui, suivant lui, militaient en faveur de cette limitation des pouvoirs : « Nous devons penser, disait-il, que les délais que la constitution exige entre les différentes propositions de changement, donneront à ces propositions toute la maturité et la sagesse possibles. Les deux conseils ne les feront qu'après avoir bien examiné quel sera le résultat du changement des articles attaqués, et quels changements nécessaires les premiers devront entraîner. Ainsi l'on sentira la nécessité d'être extrêmement circonspects à déranger une base qui pourrait faire crouler une grande partie de l'édifice et peut-être même la totalité. »

Ces raisons frappèrent les conventionnels, et leur firent décider que l'assemblée de révision n'aurait le droit de toucher qu'aux articles qui lui auront été désignés par le Corps législatif (article 342), et que tous les articles resteraient en vigueur tant que les changements proposés n'auraient pas été acceptés par le peuple.

C'est encore la peur de voir l'assemblée de revision se transformer en convention omnipotente qui incita les auteurs de l'acte constitutionnel de l'an III à lui refuser le pouvoir législatif[1].

« C'est une puissance tellement redoutable

____

1. Article 342, an III.

qu'une assemblée qui réunit tous les pouvoirs, disait Boissy d'Anglas, qu'il nous a paru indispensablement nécessaire d'empêcher que celle qui revisera ne soit en même temps chargée d'une autre fonction. Éloignée de l'Assemblée législative, elle s'occupera, dans le silence, de l'objet qui lui a été confié ; et, jusqu'à ce que son travail ait été adopté, les pouvoirs publics seront exercés conformément aux précédentes lois ; dès qu'elle aura terminé ce travail, et au moment de sa séparation, elle l'adressera à ces mêmes pouvoirs, qui seront tenus de le faire publier, de le soumettre à l'acceptation du peuple et d'en assurer l'exécution [1]. »

Que dire maintenant de la limitation de durée imposée à l'assemblée de revision par la constitution de l'an III ? Les raisons qu'on a données pour la justifier sont peu sérieuses. On fit valoir, en l'an III, pour adopter le délai de trois mois de session maximum, que trois décades avaient suffi à la commission des Onze pour rédiger un rapport complet et original sur la Constitution ; que la rédaction d'un projet de revision limité à quelques articles et déjà discuté par l'opinion publique ne pouvait nécessiter de longues délibérations, et que, si l'on ne fixait aucun délai, l'assemblée de revi-

---

1. *Moniteur*, an III, page 1145.

sion siégerait pendant six mois, quand même il n'y aurait de travail que pour huit jours.

Toutes ces raisons sont peu sérieuses. Pourquoi, en effet, laisser les membres de l'assemblée de revision libres de siéger pendant trois mois, s'il n'y a du travail que pour huit jours? C'est encore trop long. Autant vaudrait que le Corps législatif, en appelant l'assemblée de revision, lui limitât son temps. Le délai de trois mois peut n'être pas assez long : alors, l'assemblée sera obligée de se séparer sans avoir achevé son travail. On fait remarquer, il est vrai, qu'il n'y a pas de sanction : alors, il était beaucoup plus simple de faire comme en 1791, de ne rien limiter du tout et de s'en rapporter à la sagesse des membres de l'Assemblée constituante.

En 1791, la réforme, aussitôt votée par l'assemblée de revision, devenait loi ; en l'an III, au contraire, la réforme n'est pas encore parfaite : elle a besoin d'une dernière formalité, la ratification populaire.

En 1791, Malouet avait essayé, mais sans succès, de faire admettre la ratification populaire. Il demandait que, le 1ᵉʳ juin 1793, les assemblées primaires fussent convoquées, à l'effet de délibérer sur la déclaration du roi et sur l'acte constitutionnel. Les constituants de 1791 pensèrent, non sans un semblant de raison, que le

peuple n'avait pas besoin d'intervenir directement, puisque, par les élections, il pouvait indirectement indiquer ses volontés.

En l'an III, les élections ne semblèrent pas
un indice suffisant de l'expression de la volonté
du peuple. On préféra la lui demander sur un
point précis, d'une façon claire ; c'est pour cela
qu'on créa la ratification populaire [1]. Les conventionnels furent, dans cette constitution
comme dans celle de 1793, fidèles à leur déclaration du 21 septembre 1792, ainsi conçue : « Il
ne peut y avoir de constitution que celle qui est
acceptée par le peuple [2]. »

Remarquons, en passant, que les conventionnels n'ont pas prévu le cas où le projet voté
par l'assemblée de revision ne serait pas accepté
par le peuple. Cette préoccupation était d'ailleurs fort peu nécessaire, puisque la revision
était rendue presque complètement impossible
par les exigences des premiers articles dans
lesquels on s'en occupait. Si, malgré ces entraves, on était, par extraordinaire, arrivé jusqu'à l'assemblée de revision, et que la conjec-
ture ci-dessus se fût réalisée, il faut décider
que, si le projet avait été rejeté par les assemblées populaires, il aurait fallu recommencer

1. Article 346 de la Constitution de l'an III.
2. *Moniteur* 1792, page 1130.

toute la procédure, puisque l'assemblée de revision était dissoute.

La Constitution de l'an III retombait dans les mêmes erreurs que celle de 1791 ; elle les augmentait même en exigeant un délai plus long avant d'arriver à la revision. Comme son aînée, elle rendait la revision presque impossible : comme elle, elle ne devait pas être revisée. Après avoir régi la France pendant quatre années, au cours desquelles ne manquèrent ni les troubles ni les coups d'État, elle devait périr, emportée par un dernier coup d'État. (18 brumaire an VIII-9 novembre 1799.)

CHAPITRE IV

La Constitution du 22 frimaire an VIII fut préparée par deux commissions législatives de vingt-cinq membres chacune, nommées par les membres des deux conseils qui avaient adhéré au coup d'État.

On reproche souvent au premier Consul d'avoir donné le pouvoir constituant à deux commissions législatives qui n'avaient aucune qualité pour cela ; et, sans aller jusqu'à demander l'application du titre XIII de la Constitution de l'an III, ce qui était impossible puisqu'il y avait urgence, on affirme qu'il aurait dû convoquer une constituante. M. Faustin-Hélie répond « que les mauvaises dispositions des partis entre lesquels se divisait la classe dirigeante rendait impossible la convocation d'une constituante [1]. » Nous ajouterons que la convocation d'une telle assemblée, en dehors des formalités et des délais voulus par la Constitution de l'an III, n'en était pas moins une illégalité, et

---

1. FAUSTIN-HÉLIE, *Les Constitutions de la France*, page 586.

que, dans l'alternative de deux illégalités, il était préférable de choisir celle qui agitait le moins le pays et qui faisait rentrer le plus vite dans la légalité. Or, un mois après le coup d'État, la nouvelle constitution était achevée. Il est probable qu'une assemblée constituante aurait mis beaucoup plus de temps.

Cette Constitution fut imaginée par Sieyès; mais son projet primitif fut fortement modifié suivant les vues ambitieuses du premier consul Bonaparte. Elle fut acceptée par un plébiscite, dont le résultat fut proclamé le 18 pluviôse an VIII (7 février 1800): sur 3,012,569 votants, 1.562 la rejetèrent, 3,011,007 l'acceptèrent.

La Constitution du 22 frimaire an VIII (13 décembre 1799) ne contenait pas de clause constitutionnelle. Il est permis de croire cet oubli volontaire de la part du premier consul. Bonaparte avait sans doute omis à dessein de parler de la revision dans la constitution qu'il emprunta à Sieyès, « parce que, même après cette constitution, il voulait conserver le pouvoir constituant pour la perfectionner et l'achever, sous la réserve d'une nouvelle ratification de la nation [1]. »

Primitivement donc et jusqu'au sénatus-consulte du 16 thermidor an X, les modifica-

---

1. FAUSTIN-HÉLIE, *Les Constitutions de la France*, page 602.

tions à la constitution auraient pu être faites par
le chef de l'État seul, sauf à être ratifiées par le
peuple. Mais Bonaparte pensa que cette manière
de faire manquait d'autorité. Il préféra présenter
la revision au peuple seulement après l'avoir
fait adopter par un grand corps de l'État. La
constitution lui en offrait le moyen. Elle insti-
tuait, comme on sait, un sénat conservateur
supérieur aux trois autres pouvoirs : Consuls,
Tribunat et Corps législatif. Cette assemblée,
dont les membres étaient nommés à vie, se
recrutait elle-même, et avait pour fonction d'annuler les actes des autres pouvoirs qui auraient
été contraires à la constitution. Cette attribution
faisait ainsi du Sénat le régulateur suprême de
l'État. Le premier consul crut qu'il pouvait puiser dans le rôle de conservateur de la Constitution le droit de la modifier. C'était là une interprétation abusive de l'article 21, qui portait seulement que le Sénat « maintient ou annule tous
les actes qui lui sont déférés comme inconstitutionnels par le Tribunat ou le gouvernement[1] ».
Il est vrai que cette extension extralégale des
pouvoirs du Sénat était accompagnée d'un pal-
liatif : on crut être en règle avec la souveraineté
nationale en soumettant aux assemblées primaires le principe des nouvelles institutions.

1. Article 21 de la Constitution du 22 frimaire an VIII.

La consécration officielle de cette nouvelle théorie apparut pour la première fois dans le sénatus-consulte du 15 nivôse an IX, relatif à des mesures de police : « Considérant, dit cet acte, que la Constitution n'a point déterminé les mesures de sûreté nécessaires à prendre en un cas de cette nature ; que, dans le silence de la Constitution et des lois....., le désir et la volonté du peuple ne peuvent être exprimés que par l'autorité qu'il a spécialement chargée de conserver le pacte social et de maintenir ou d'annuler les actes favorables ou contraires à la Charte constitutionnelle ; que, d'après ce principe, le Sénat, interprète et gardien de cette Charte, est le juge naturel de la mesure proposée en cette circonstance par le gouvernement, etc..... »

L'année suivante, ce système, de jurisprudence jusque-là, allait être inscrit dans la loi, et par un sénatus-consulte voté par le Sénat réuni en vertu de ce système lui-même.

Le sénatus-consulte du 16 thermidor an X [1] apportait, en effet, des modifications notables aux attributions constitutionnelles du Conseil d'État, du Sénat, du Tribunat et du Corps législatif, etc. De plus, et c'est là la chose qui nous intéresse, il faisait passer le pouvoir consti-

---

1. 4 août 1802.

tuant tout entier aux mains du premier Consul, sous le rideau sénatorial.

Cet acte n'organise cependant pas complètement le pouvoir constituant. L'article 54, en effet, qui donne au Sénat le droit de modifier, ou plutôt de compléter la constitution au moyen des sénatus-consultes organiques, ne parle pas de la ratification populaire. Il y a donc dans cette constitution, auprès du droit écrit, un droit coutumier qui complète le premier.

C'est le titre v du sénatus-consulte qui organise la procédure constitutionnelle. Les textes des articles 54, 56 et 57 sont conçus dans les termes suivants:

« Art. 54. — Le Sénat règle par un sénatus-consulte organique: 1° la constitution des colonies; — 2° tout ce qui n'a pas été prévu par la Constitution et qui est nécessaire à sa marche; — 3° Il explique les articles de la constitution qui donnent lieu à différentes interprétations. »

« Art. 56. — Les sénatus-consultes organiques et les sénatus-consultes sont délibérés par le Sénat, sur l'initiative du gouvernement. Une simple majorité suffit pour les sénatus-consultes; il faut les deux tiers des voix des membres présents pour un sénatus-consulte organique. »

« Art. 57. — Les projets de sénatus-consultes pris en conséquence des articles 54 et 55 sont discutés dans un conseil privé, composé des consuls, de deux ministres, de deux sénateurs, de deux conseillers d'État et de deux grands officiers de la Légion d'honneur.

« Le premier Consul désigne, à chaque tenue, les membres qui doivent composer le conseil privé. »

Le sénatus-consulte du 28 floréal an XII (18 mai 1804), qui établit l'Empire, ajouta, dans son article 23, qu' « aucun sénatus-consulte organique ne peut être rendu pendant la régence, ni avant la fin de la troisième année qui suit la majorité ».

En ajoutant à la partie écrite de la Constitution de l'an VIII sa partie coutumière, il ressort qu'il faut distinguer les modifications de détail de celles qui portent sur les bases mêmes de la constitution. Pour les premières, l'acceptation par le Sénat est amplement suffisante ; pour les secondes, il faut en outre la ratification par plébiscite. L'initiative des modifications, quelles qu'elles soient, appartient au gouvernement, assisté d'un conseil privé nommé par lui. Enfin, elles sont votées par le Sénat à la majorité des deux tiers des membres présents.

Le sénatus-consulte de l'an X donne donc au Sénat trois prérogatives constitutionnelles. L'article 54 de cette loi lui confie en effet le soin de régler la constitution des colonies, de compléter la constitution et enfin de l'interpréter.

Pour ce qui est de régler la constitution des colonies, cette prérogative est sans doute restreinte par les plébicistes. Il est certain, bien que la constitution ne le dise pas, que, dans son œuvre, le Sénat ne peut porter atteinte aux bases adoptées par plébiscite, à moins qu'il ne fasse ratifier son acte par un nouveau plébiscite.

Ceci revient à dire que, pour l'organisation des colonies, la règle est la même que pour les modifications constitutionnelles proprement dites, et que l'alinéa premier de l'article 54 du sénatus-consulte de l'an X est parfaitement inutile, à moins que ce texte n'ait été écrit que pour donner au sujet une plus grande précision.

Le pouvoir de régler tout ce qui n'a pas été prévu par la Constitution et qui est nécessaire à sa marche est irrationnel. Ces règles sont du domaine législatif, pense M. Berriat-Saint-Prix: l'organe législatif, doit avoir le droit de les faire, puisque c'est à lui seul qu'appartient de voter les lois[1]. Nous croyons, nous aussi, qu'il est avantageux que la constitution ne s'occupe

1. Félix Berriat-Saint-Prix, *Théorie du droit constitutionnel français*, Esprit des Constitutions de 1848 et 1852, page 758.

pas des détails ; nous pensons qu'il est préférable de laisser au pouvoir législatif le soin de les régler. Mais nous n'allons pas jusqu'à dire cependant que les détails d'une constitution sont forcément du domaine législatif; nous nions même qu'une telle prétention soit exacte. En effet, pour nous, sont constitutionnelles seulement les lois qu'il a plu aux auteurs de la constitution de constitutionnaliser, mais toutes celles-là. C'est pour cela que nous osons dire que le législateur, tant en l'an X qu'en 1852, n'a pas outrepassé son droit en donnant au Sénat un pouvoir réglementaire. Que ce soit d'ailleurs une source d'embarras, c'est bien possible : qui, en effet, fixera la limite où finit la nécessité? Au delà, le Sénat usurperait la puissance de faire les lois ; ce manque de précision est donc regrettable. Avec une assemblée législative moins servile que les Corps législatifs des deux Empires, ces textes auraient été une source de conflits. On aurait peut-être vu le Sénat obligé de rapporter, comme inconstitutionnelle, une mesure prise par lui-même, devant le refus du Corps législatif de subvenir aux dépenses publiques.

La troisième prérogative reconnue au Sénat par l'article 54 de l'an X est abusive. Elle crée une confusion regrettable, et peut même devenir dangereuse; car il y a un pouvoir chargé d'interpréter les lois. Le système est donc mauvais : bien que le pouvoir d'interpréter ne menace pas d'absorber l'autorité judiciaire, puisqu'il s'exercera toujours à l'occasion d'un acte déterminé, il n'en reste pas moins dangereux. Il pourrait se faire, en effet, qu'il entrât en conflit avec la souveraineté du peuple, ce qui pourrait arriver s'il tendait à modifier indirectement les bases ratifiées par les plébiscites: c'est là que réside le danger. Aussi M. Berriat-Saint-Prix conseillait-il de soumettre à un appel au peuple toute interprétation suspecte [1].

La partie écrite de la Constitution de l'an VIII ne reconnaissait au Sénat que ces trois premières prérogatives en matière constitutionnelle. Nous avons vu que la coutume attribua, en outre, à cette assemblée le droit de modifier la constitution. D'ailleurs, les droits du Sénat ne sont entiers que pour les modifications portant sur les points de détail ; la modification des bases fondamentales de la constitution doit être en effet ratifiée par le peuple.

La distinction qu'on fit sous le Consulat entre les bases fondamentales et les détails est très sage : la nation n'est utilement consultée que sur les premières. Mais il nous semble qu'on aurait dû donner une plus grande part aux

1. Berriat-Saint-Prix, *op. cit.*, page 759.

représentants du peuple ; on aurait pu au moins investir du pouvoir constituant secondaire le Corps législatif, assemblée qui représente la nation. Cette combinaison aurait été plus logique et plus conforme à l'esprit plébiscitaire de la constitution. Le Sénat présente, comme nous l'avons vu, beaucoup moins de garanties. Le pouvoir constituant dépend en fait, en l'an X, du chef de l'État, puisqu'il jouit seul de l'initiative. Et c'est là ce que l'auteur de cette constitution voulait : il désirait garder pour lui tout le pouvoir en s'abritant derrière le Sénat, ce qui faisait croire que c'était le peuple lui-même qui opérait les réformes.

C'est d'ailleurs parce que le pouvoir constituant appartient au chef de l'État seul que, d'après le sénatus-consulte de l'an XII, l'Empereur ne jure pas de maintenir la Constitution, tandis que le régent de l'Empire, pendant une minorité, fait ce serment [2].

Il est vrai que le gouvernement, pour exercer son initiative est obligé de garder les formes prescrites par l'article 57 du sénatus-consulte du 16 thermidor, c'est-à-dire de prendre l'avis d'un conseil privé.

Quant au plébiscite, il est toujours facile au gouvernement de trouver une formule captieuse

2. Articles 53 et 55.

qui rend le vote affirmatif obligatoire par la crainte de troubles inconnus, du désordre et de l'anarchie. Le plébiscite n'était d'ailleurs qu'une sanction d'opinion, destinée à donner de la force au représentant de la nation. L'Empereur se croyait le seul représentant de la nation; il le disait du moins[1]. Tous les pouvoirs lui étaient délégués, le constituant comme les autres. Il avait donc seul le droit d'agir en matière constitutionnelle, sauf à se faire ratifier par le peuple dans les cas importants.

On ne voit guère les avantages de ce système. Le moindre inconvénient est que la constitution se trouve à la merci du gouvernement. Il nous semble cependant qu'il aurait fallu admettre, pour les lois constitutionnelles, au moins la même garantie que pour les lois ordinaires, c'est-à-dire l'accord des trois pouvoirs : Empereur, Sénat, Corps législatif. On exclut justement la seule assemblée issue du suffrage populaire.

* *
*

Avec le système inauguré en l'an X, la revivision constitutionnelle devait être d'une grande

1. Pendant la guerre d'Espagne, en effet, une délégation du Corps législatif vint féliciter l'Impératrice des victoires de l'Empereur. Le lendemain, le *Moniteur*, rendant compte de la réception, traita les membres du Corps législatif de représentants de la Nation; l'Empereur fit aussitôt rectifier, et affirma que lui seul représentait la Nation, qu'après lui venait le Sénat, et que le Corps législatif ne passait qu'au quatrième rang, après le Conseil d'État.

facilité. Aussi ne faut-il pas s'étonner que la constitution plébiscitaire de l'an VIII ait été d'une capricieuse instabilité. « Cette constitution fut certainement une des deux plus mobiles de toutes celles qui ont régi la France depuis cent ans. Elle s'inspira largement des paroles de Napoléon Ier, qui dit un jour : « Une constitution est l'œuvre du temps ; on ne saurait laisser une trop large voie aux améliorations [1]. »

Cette large place fut sans doute laissée dans la Constitution de l'an VIII ; car, outre le sénatus-consulte du 16 thermidor an X (4 août 1802) que nous venons d'examiner, on ne trouve, sous l'empire de cette constitution, pas moins de dix sénatus-consultes ou sénatus-consultes organiques qui la défigurèrent complètement pendant les quatorze années qu'elle fut en vigueur.

La Constitution de l'an VIII disparut avec le premier Empire. C'est en vertu de son pouvoir constituant que le Sénat nomma le gouvernement provisoire du 2 avril 1814, et prononça la déchéance de l'Empereur le 3 avril. Dans cet acte, le Sénat osa relever toutes les violations de la constitution commises par Napoléon. Ces accusations se retournaient contre lui-même, et

1. Pelet de la Lozère, *Opinion de Napoléon sur divers sujets de politique et d'administration*, chapitre XVI, page 151.

démontraient l'inanité de son pouvoir: chargé du maintien de la constitution, il devait empêcher les violations commises par l'Empereur.

CHAPITRE V

La Charte promise par la fameuse déclaration
de Saint-Ouen (2 mai 1814) fut rédigée par l'abbé
de Montesquiou, ministre de l'intérieur, MM. Fer-
rand, directeur général des postes, et Beugnot,
directeur général de la police, neuf sénateurs et
neuf députés choisis par le gouvernement. La
discussion dura du 22 au 27 mai. La Charte fut
lue aux députés et aux pairs dans la séance
d'ouverture du 4 juin, pendant laquelle ceux-ci
lui prêtèrent immédiatement serment, puis promulguée comme loi du royaume.

Avec les chartes constitutionnelles, nous ar-
rivons à l'examen des constitutions françaises
qui ne prévoient pas la revision. La Charte de
1814, en effet, laissait dans l'ombre ce point important.

Toutes les autres constitutions françaises prévoient la revision, sauf celle de l'an VIII, mais
seulement avant le sénatus-consulte du 16 thermidor an X. A l'étranger aussi, la revision est
prévue par la plupart des constitutions écrites :
quelques rares constitutions seulement sont

muettes à cet égard. Telles sont notamment les constitutions italienne et espagnole.Nous ne parlons pas, bien entendu, des constitutions coutumières, comme celles du royaume de Hongrie ou de la Grande-Bretagne, dans lesquelles cette matière, comme les autres, est régie par la coutume.

Cette presque unanimité des constitutions, tant étrangères que françaises, semble indiquer que le pouvoir constituant est une fonction distincte de la fonction législative,et qu'elle doit être spécialement prévue et organisée.

Mais est-ce à dire que les constitutions qui ne prévoient pas leur revision sont immuables? Si peu raisonnable que nous paraisse aujourd'hui cette prétention, elle eut cependant d'ardents défenseurs sous la Restauration. Les libéraux la portèrent à la tribune par la bouche de Royer-Collard et du général Foy.

« Par la hauteur de son origine,disait Royer-Collard le 3 juin 1824, la charte est au-dessus de l'atteinte des pouvoirs qui sont son ouvrage.S'il est permis de recommencer la charte pour mieux faire, il n'y a plus de charte.La prudence ne veut pas seulement que les droits soient religieusement préservés de toute atteinte ; elle veut qu'ils ne soient pas inquiétés [1]. »

1. *Moniteur* 1824, page 739.

Le général Foy ajoutait, le 4 juin de la même
année : « La fixité est le motif, le but de la Charte;
disons mieux, c'est la charte entière. Et cette
charte majestueusement descendue du trône de
sa nt Louis, accueillie naguère par la bénédic-
tion du peuple, si souvent proclamée le palladium
de nos libertés, voilà qu'aujourd'hui on la traite
comme un simple expédient de finances. Croyez-
vous que, dans ce siècle désanchanté, il soit bon
qu'on veuille faire, défaire, refaire et défaire
encore une fois ce qui, donné à toujours, paraissait appelé à traverser les siècles [1]. »

Les arguments des libéraux, comme on le voit
par les paroles de leurs deux éloquents chefs,
n'étaient pas sérieux : ils ne se discutent pas. La
Charte ne pouvait être immuable ; pour que cela
fût, il aurait fallu la considérer comme parfaite.
Malheureusement, comme toute œuvre humaine, elle renfermait des vices qu'il fallait corriger au fur et à mesure qu'ils se manifestaient,
et qui se montraient de plus en plus nombreux
au fur et à mesure que la Charte était plus prati-
quée. De plus, les constitutions, en admettant
même qu'elles aient été tout à fait adéquates aux
besoins de la société qui les a vues naître, doivent
évoluer avec cette même société. Une constitution qui se prétendrait immuable et refuserait les

1. *Moniteur* 1824, page 745.

améliorations serait fatalement destinée à être emportée par la révolution.

Mais ce n'est pas le désir de l'immutabilité de la constitution qui donne des partisans au système de l'absence de la clause de revision. Bien au contraire, ceux-ci tirent leur conviction de ce qu'une telle constitution n'en sera que plus mobile, et que les changements passeront inaperçus. « A moins de vouloir changer la dynastie ou modifier la forme du pouvoir exécutif, dit M. de Saint-Girons, la revision de la constitution, surtout si elle est solennellement faite, comme dans les pays qui ont organisé le pouvoir constituant, est souvent inutile, parfois dangereuse. Il vaut mieux se confier aux hommes et compter sur le temps pour développer et bien appliquer les grands principes constitutionnels. La pratique seule les fait connaître dans leur étendue légitime et leurs limites nécessaires [1]. » « Les modifications constitutionnelles, chez un peuple qui procède pratiquement et non philosophiquement, dit le même auteur, s'opèrent sans que personne s'en doute. Le pouvoir constituant doit être un greffier qui constate les faits accomplis [2]. »

L'idéal de ceux qui pensent ainsi est la cons-

---

1. SAINT-GIRONS, *Droit constitutionnel*, pages 31 et 32.
2. SAINT-GIRONS, *Essai sur la séparation des pouvoirs*, page 371 et suivante.

titution anglaise. Dans ce pays, les modifications se font insensiblement, au jour le jour, presque sans qu'on s'en aperçoive. Ce système est peut être pratique en Angleterre, mais en Angleterre seulement, parce que toute la constitution, ou à peu près, y est coutumière ; mais, dans un pays à constitution écrite, comme la France sous l'empire de la Charte, l'Italie ou l'Espagne à l'heure actuelle, l'absence de clause constitutionnelle est une cause de discorde, quand il est besoin de toucher à un article de la constitution pour le modifier ou le réformer.

Nous disions que l'opinion des libéraux sur l'immutabilité de la charte n'était pas raisonnable. Ils s'en rendaient bien compte ; aussi n'en faisaient-ils pas une question de principe, mais de circonstance. Ils avaient peur, ils craignaient qu'on ne vînt, sous prétexte de revision, retirer peu à peu les libertés si péniblement acquises. Cette crainte était malheureusement justifiée par l'attitude des ultra-royalistes pendant la Restauration. Aussi, quand ces craintes disparurent, c'est-à-dire après la Révolution de 1830, on vit les mêmes hommes changer spontanément d'opinion et abandonner une doctrine qui était la négation de tout progrès, l'arrêt de toute réforme. Seul, en 1842, Dupin, le rapporteur de la loi de régence, soutint de telles conclusions.

Malgré la résistance des libéraux, la Charte

fut modifiée plusieurs fois, même pendant la Restauration, une fois par Louis XVIII seul, en 1815. Toutes les autres modifications furent faites par les trois pouvoirs réunis, roi et deux chambres, comme pour les lois ordinaires.

La Charte, nous venons de le voir, n'était pas immuable. Nous avons vu aussi que la première revision fut faite par le souverain seul, mais que toutes les autres le furent par les trois pouvoirs concurremment. Nous allons maintenant chercher quel est le système qui aurait été le plus conforme à la théorie.

Jusqu'en 1830, trois opinions furent mises en avant ; elles se réduisirent à deux seulement après la Révolution de Juillet. Ces trois opinions, les voici :

Les ultra-royalistes donnaient au Roi seul le droit de compléter et de modifier la Charte.

Certains libéraux, au contraire, voulaient une assemblée spécialement nommée à cet effet.

Enfin les modérés émettaient l'avis que l'accord des trois pouvoirs, Roi et deux Chambres, était nécessaire et suffisant. Nous savons que c'est cette dernière opinion qui triompha définitivement en pratique.

Seul le Roi a le pouvoir constituant, disaient les ultra-royalistes. C'est lui qui a donné la charte, c'est lui qui peut l'amender. Pendant les premières années de la Restauration, les faits semblent donner raison à cette opinion. Plusieurs fois, le roi paraît vouloir s'attribuer le pouvoir constituant, et, une fois au moins, de sa propre autorité, il viole et modifie la charte. Le silence de la charte sur la question semblait, en effet, indiquer que le roi pouvait reprendre ou modifier ce qu'il avait octroyé, et on appuyait en outre le système en tirant argument de l'article 14, d'après lequel le roi « fait les règlements et ordonnances nécessaires pour l'exécution des lois et la sûreté de l'État ». Les partisans du droit royal voyaient dans cet article une espèce de clause de revision. C'est ce sens que lui donna Louis XVIII quand il modifia la charte par l'ordonnance du 13 juillet 1815, qui réglait provisoirement les élections. Il est vrai que le prince, en ce faisant, se réclamait de l'urgence, et que la réglementation fixée par l'ordonnance n'était que provisoire. Charles X, voulant recommencer l'expérience, en 1830, ne réussit qu'à déchaîner une révolution qui le chassa du trône.

L'opinion des ultra-royalistes fut plusieurs fois portée à la tribune, mais sans grand succès. « Notre gouvernement, disait Josse de Beauvoir le 3 juin 1824, se compose de trois pouvoirs, mais le prince y domine les autres d'une hauteur incommensurable. Le roi est le principe et la vie de la charte. Et, parce qu'il l'aurait donnée à son peuple pour en jouir avec lui, il l'aurait aliénée ! La revision de la charte est un droit inhérent à l'autorité souveraine, et la France, heureuse sous le sceptre de ses rois, a toujours placé en eux la souveraineté[1]. »

Et le marquis de Pastorel d'ajouter que le roi, ayant octroyé la charte, pouvait seul la reviser ; qu'en 1815, après les Cent-jours, il l'avait fait par une simple ordonnance ; qu'il pouvait le faire encore ; qu'il avait fait par la charte des délégations importantes, mais que les pouvoirs délégués étaient les seuls dont il avait abandonné l'exercice. Donc, toutes les fois que la charte n'offrait pas une disposition précise, c'était au trône qu'il fallait remonter pour trouver l'autorité qui devait régler, décider, prescrire[2].

Certains allaient même jusqu'aux extrêmes, et prétendaient, avec M. Cottu[3], que toute délégation que le roi aurait faite de son pouvoir constituant était nulle de plein droit, comme contraire au principe même de la souveraineté[4].

Cette théorie est difficile à comprendre : bien

<hr>

1. *Moniteur* 1824, page 737.

2. DUVERGIER DE HAURANNE, *Histoire du gouvernement parlementaire en France*, tome VII, page 567.

3. COTTU, *Des moyens de mettre la charte en harmonie avec la royauté*.

4. DUVERGIER DE HAURANNE, *Histoire du gouvernement parlementaire*, tome X, page 10.

qu'octroyée, la charte doit toujours lier le souverain. Que serait-ce, en effet, qu'une charte que le roi pourrait retirer quand bon lui semblerait? « Le roi, disait M. Corbière, a octroyé la charte ; elle est un bienfait qui appartient à ceux qui l'ont reçu. Par conséquent, le roi ne peut avoir un pouvoir supérieur à la charte ; car alors il pourrait la révoquer, et il aurait donné sans assurer son don [1]. » D'ailleurs, que signifierait alors l'article 74 de la charte? Quel sens donner à ce texte : « Le Roi et ses successeurs jureront, dans la solennité de leur sacre, d'observer fidèlement la présente charte constitutionnelle », si ce n'est pas d'obliger, non seulement le roi Louis XVIII, mais aussi ses successeurs à ne pas violer la charte ?

Aussi, la thèse des ultra-royalistes, vraiment séduisante pour les partisans de l'absolutisme, ne fut jamais admise par les Chambres sous les règnes de Louis XVIII et de Charles X. Après 1830, elle ne fut plus reprise par personne. C'est qu'alors il n'y eut plus de doute : la nouvelle charte n'étant plus octroyée, mais contractuelle, il ne peut pas appartenir à un seul pouvoir de briser le contrat.

La seconde opinion, qui consiste, nous

1. Duvergier de Hauranne, *Histoire du gouvernement parlementaire*, tome VI, page 512.

l'avons dit, à donner le pouvoir constituant à une assemblée spécialement nommée, paraît plus logique au premier abord. Cette thèse quoique défendue, pendant la Restauration, par des hommes de talent comme M. de Lanjuinais et le duc de Larochefoucauld, ne devait acquérir quelque importance que sous la Monarchie de Juillet. Aussi la laissons-nous momentanément de côté.

Nous venons de voir que le pouvoir constituant n'appartient, sous l'empire de la charte, ni au roi seul ni à une assemblée constituante spéciale. Il ne reste donc plus qu'une alternative: c'est l'exercice par l'organe législatif ordinaire.

On sait que, sous la Restauration, le pouvoir législatif était confié collectivement au roi et aux deux chambres. Le roi jouissait seul de l'initiative et avait le droit de sanction.

C'est ainsi, avec les mêmes formalités que pour les lois ordinaires, que furent faites toutes les modifications à la charte depuis 1814 jusqu'en 1830. Il n'y eut qu'une exception à cette règle, dont nous avons déjà parlé, l'ordonnance du 13 juillet 1815. Nous avons d'ailleurs remarqué que cette exception pouvait se justifier par des raisons d'urgence.

Les Chambres, en agissant ainsi, pensèrent sans doute que, comme la charte avait une origine anglaise, il fallait supposer qu'en l'absence de clause constitutionnelle, elle devait se modifier de la même manière. Elles durent croire aussi qu'à l'image de l'Angleterre, il n'y avait pas de lois constitutionnelles proprement dites chez nous, que toute loi était du domaine législatif, puisque la constitution n'avait indiqué de formes spéciales pour aucune.

D'après ce système, Louis XVIII, en même temps qu'il exerçait son pouvoir constituant, s'en dépouillait pour jamais, et obligeait lui et ses successeurs par un serment préalable. En effet, une seule chose pouvait empêcher le roi de modifier la charte, c'était l'engagement pris envers le pays. Mais, si les représentants du pays donnaient leur consentement à ces modifications, qui pouvait s'en plaindre?

Louis XVIII lui-même, et cela dans l'ordonnance du 13 juillet 1815, semble se ranger à cet avis : « Nous voulons, dit-il, qu'aucune modification à la charte ne puisse devenir définitive que d'après les lois constitutionnelles.. .. Le pouvoir législatif statuera sur les changements à faire à la charte dans cette partie, changements dont nous ne prenons ici l'initiative que sur des points urgents. »

Les modérés faisaient ressortir avec raison que, si le roi n'avait pas fixé dans la charte un mode de revision spécial, c'est qu'il avait voulu qu'on agît de la manière ordinaire. « Si la charte, disait M. de Martignac en 1824, renfermait en elle-même quelques germes de destruction, quelque obstacle imprévu à tout le bien qu'elle peut faire, comment le pouvoir suprême et pré-existant qui l'a donnée, et les pouvoirs légaux qu'elle a créés n'auraient-ils pas la force suffi-sante pour la garantir et la sauver? La charte ne prévoit pas, dit-on, les modifications dont la nécessité pourrait être reconnue; elle n'a rien autorisé, rien déterminé à cet égard : que faut-il conclure de ce silence? Que l'auteur de la charte a jugé son ouvrage exempt de toute imperfec-tion et à l'épreuve du temps, des événements, de l'expérience? Non, Messieurs, la véritable sagesse n'a pas cette foi dans ses propres œu-vres, parce qu'elle connaît l'imperfection des efforts humains, et cette défiance même est un des caractères auxquels on la reconnaît le mieux. Le roi législateur n'a pas pensé que son Code fût parfait dans tous ses détails accessoires, dont il pouvait même être dégagé. Mais celui dont la puissance créait n'avait pas eu besoin de se réserver explicitement l'heureux droit d'améliorer. Ce droit se retrouvait dans l'auto-rité qui avait constitué et dans le concours des pouvoirs entre les mains desquels la force légis-lative avait été placée[1]. »

1. *Moniteur* 1824, page 692 et suivante.

On aurait d'ailleurs pu décider, comme le demandait M. de Ricard, que les revisions constitutionnelles ne pourraient être votées que par une chambre nouvelle, comme le décide actuellement la constitution belge. M. de Ricard faisait observer que les députés ne pouvaient être juges dans leur propre cause ; que, tenant leur pouvoir de la loi faite, et non de la loi à faire par ceux-là mêmes qui devaient en profiter[1]. En outre, cette manière d'opérer présente cet avantage qu'elle permet de consulter pacifiquement la nation, qui nommera, suivant son opinion sur la nécessité de la réforme, des députés favorables ou non au projet. Des députés, en effet, qui siègent depuis un certain temps, ne sont plus toujours en communion d'idées avec leurs électeurs. Si cette divergence n'a pas une grande importance en matière législative, il n'en est plus ainsi en matière constitutionnelle. La constitution est une loi trop importante pour qu'on puisse permettre de la changer ou de la modifier à la légère.

Ainsi, d'après le système qui confie le pouvoir constituant aux pouvoirs constitués, ces pouvoirs avaient pleins pouvoirs en matière constitutionnelle. Ils auraient même pu alors sup-

---

1. DUVERGIER DE HAURANNE, *Histoire du gouvernement parlementaire*, tome VIII, page 9.

primer la constitution : c'est là un extrême, il est vrai. M. Serrigny voit comme remède à cet abus de pouvoir l'insurrection, et la regarde comme légitime [1]. Nous croyons que la nation n'aurait jamais besoin de recourir à ce moyen extrême, car l'objection est plutôt théorique. En pratique, il est bien certain que, loin de permettre la suppression de la constitution, la charte aussi bien que les lois constitutionnelles des royaumes d'Italie et d'Espagne n'admettent que les modifications de détail, et n'autorisent que la revision partielle.

En France, sous la Restauration, on divisait les articles de la charte en articles fondamentaux et articles réglementaires, et il n'était permis de modifier que ces derniers. Cette distinction est commune à toutes les constitutions monarchiques. Ces constitutions engagent toutes l'avenir, au moins par le pacte qui unit la nation à la famille régnante. Dans les pays jouissant de ces constitutions, on ne peut jamais légalement changer la forme du gouvernement; pour le faire, il faut recourir aux moyens violents, à la révolution : il ne faut pas songer, en effet, à ce que le souverain se démette bénévolement de ses fonctions. Et,

---

1. Serrigny, *Traité du droit public des Français*, tome Ier, page 66 et suivante.

même dans ce cas, bien que les choses se passent pacifiquement, il y aurait encore révolution.

Cette distinction entre les articles fondamentaux et réglementaires de la charte se trouve souvent reprise sous la Restauration, à peu près chaque fois que la Charte fut modifiée. C'est d'abord Louis XVIII lui-même qui la fait dans son discours du trône en 1819 : « Fondateur de cette Charte, dit le roi, à laquelle sont invariablement liées les destinées de mon peuple et de ma famille, j'ai senti que, s'il est une amélioration qu'exigent ces grands intérêts, aussi bien que le maintien de nos libertés, et qui ne modifierait quelques formes réglementaires de la Charte que pour mieux assurer sa puissance et son action, il m'appartient de la proposer [1]. »

C'est, en 1824, M: de La Bourdonnaie qui s'élève tout à la fois contre ceux qui voulaient réserver au pouvoir royal le droit de modifier la charte à son gré et ceux qui, comme en Angleterre, ne voulaient assigner aucune limite à l'omnipotence du parlement. D'après cet orateur, ni le roi ni les trois pouvoirs réunis n'avaient le droit de changer la forme et la

1. Duvergier de Hauranne, *Histoire du gouvernement parlementaire*, tome v, page 293.

nature du gouvernement représentatif, c'est-à-dire modifier les articles fondamentaux de la charte, ceux qui déterminaient la forme, la durée, l'équilibre des pouvoirs [1].

En résumé, les conclusions à tirer de l'étude de la Charte de 1814 sont les suivantes :

Il n'est pas nécessaire que la constitution proclame formellement la possibilité de la revision. Une constitution muette sur cette question n'est pas pour cela immuable, parce que toute œuvre humaine est nécessairement imparfaite, et que toute institution doit évoluer avec la société à laquelle elle s'applique.

Dans une telle constitution, le pouvoir constituant doit appartenir aux pouvoirs constitués organisés par la constitution, au roi et aux deux Chambres, sous l'empire de la Charte.

Ces trois pouvoirs sont souverains ; ils sont cependant limités, en matière constitutionnelle, par le pacte qui lie la nation à la famille régnante et par les articles fondamentaux de la constitution ; il en résulte que la revision ne peut être que partielle.

Enfin, dernière conclusion, il nous semble préférable que la loi fondamentale organise la revision, au moins dans ses grandes lignes.

---

1. Duvergier de Hauranne, *Histoire du gouvernement parlementaire*, tome VIII, page 10.

Nous avons constaté quels tiraillements amène
l'absence de la clause constitutionnelle, au
moment où il devient nécessaire de modifier la
constitution.

La revision partielle de la charte était donc
très facile, puisque, à tout moment, une réforme pouvait être proposée et votée sans autres
formalités que celles nécessaires pour une loi
ordinaire. Malgré cette mobilité, la charte devait être emportée par la révolution, entraînant
dans sa chute la royauté constitutionnelle.

CHAPITRE VI

ACTE ADDITIONNEL AUX CONSTITUTIONS DE L'EMPIRE

(22 avril 1815)

Au retour de l'île d'Elbe, Napoléon publiait à Lyon un décret, daté du 13 mars, par lequel il convoquait, pour le mois de mai, « les collèges électoraux des départements de l'Empire en assemblée extraordinaire du Champ de Mai, afin de prendre les mesures convenables pour corriger et modifier les constitutions de l'Empire, selon l'intérêt et la volonté de la nation. Cette assemblée extraordinaire avait donc pour mission de reviser les trois actes constitutionnels de 1799, 1802 et 1804. Mais, pressé par le temps, Napoléon fit cette revision lui-même avec le concours du Conseil d'État. C'est cette revision qui porte le nom d' « Acte additionnel aux constitutions de l'Empire ».

L'acte additionnel fut rédigé par Benjamin Constant; il fut publié le 22 avril et ratifié le 1ᵉʳ juin 1815. (Champ de Mai.)

L'acte additionnel aux constitutions de l'Empire du 22 avril 1815 ne parle pas de la revision. Carnot avait pourtant conseillé à l'Empereur, « pour apaiser le mécontentement causé par l'acte additionnel, de reconnaître formellement, dans un nouveau décret, la nécessité d'y apporter des améliorations, que la Chambre des représentants fût appelée à le reviser, et qu'on réservât au peuple le droit de le sanctionner définitivement dans les assemblées primaires » [1]. Ces conseils ne furent pas écoutés. Il faut donc vraisemblablement décider, en l'absence de texte précis, que la revision continue à se faire différemment suivant qu'elle porte sur les bases essentielles de la constitution, ou seulement sur les détails. Mais, comme le Sénat a disparu, la revision des bases fondamentales est faite par le peuple sur la proposition de l'Empereur ; les détails tombent dans le domaine législatif. — Le droit du peuple est d'ailleurs formellement reconnu dans l'article 67. Quant à la déconstitutionalisation des détails, elle résulte des commentaires qui suivirent ou accompagnèrent la promulgation.

Ainsi, Napoléon, au Champ de Mai, le 1er juin 1815, s'exprimait ainsi : « Français, lorsque nous aurons repoussé ces injustes agressions, et que l'Europe sera convaincue de ce qu'on doit aux droits et à l'indépendance de 28 mil-

____

1. Charles de Viel-Castel, *Histoire de la Restauration*, tome XII, page 34.

lions d'hommes, une loi solennelle, faite dans les formes voulues par l'acte constitutionnel, réunira les différentes dispositions de nos constitutions aujourd'hui éparses [1]. »

On lit aussi dans l'avant-propos des *Principes de droit politique applicables à tous les gouvernements représentatifs, et particulièrement à la constitution de la France,* par Benjamin Constant, le principal rédacteur de l'Acte de 1815, ouvrage publié en mai 1815 : « Il paraît généralement reconnu que la constitution actuelle, même après son acceptation par le peuple français, pourra être améliorée dans plusieurs de ses dispositions. Il est utile et raisonnable de laisser aux pouvoirs constitués la faculté de perfectionner l'acte qui détermine leurs attributions et qui fixe leurs rapports réciproques. »

Et plus loin, à la page 315 : « Le gouvernement lui-même a pris soin d'annoncer, comme je l'ai dit en commençant, que la constitution pourra être améliorée. Il est à souhaiter qu'on y procède lentement, à loisir, sans impatience et sans vouloir devancer le temps. Si cette constitution a des défauts, c'est une preuve que les hommes les mieux intentionnés ne prévoient pas toujours les conséquences de chaque article

1. THIERS, *op. cit.*, tome XIX, page 589.

d'une constitution. La même chose pourrait arriver à ceux qui voudraient la refondre pour la corriger. Il est facile de rendre son habitation plus commode, lorsqu'on n'y fait que des changements partiels : ils sont d'autant plus doux qu'ils sont presque insensibles; 'mais il est dangereux d'abattre son habitation pour la rebâtir, surtout lorsque, en attendant, on n'a point d'asile. »

Le seul jugement qu'on puisse émettre sur l'acte additionnel, c'est qu'il fut un acte de circonstance. Son importance théorique et pratique est nulle. D'ailleurs, il ne fut pour ainsi dire pas pratiqué. Accepté par le plébiscite du 1er juin, qui donna les résultats suivants : 1,305,206 votes affirmatifs contre 4,206 négatifs, il fut suspendu le 22 juin 1815 par suite du retour des Bourbons, qui, en reprenant le trône, remirent en vigueur la Charte de 1814, malgré les résistances de la Chambre des représentants.

CHAPITRE VII

CHARTE CONSTITUTIONNELLE DU 9 AOUT 1830

A la suite de la Révolution de 1830 et de la
fuite de Charles X, la Chambre des députés
s'empara du pouvoir constituant, et modifia la
Charte de 1814. Cette revision est dite « Charte
constitutionnelle du 9 août 1830 ». Les modifications furent proposées par une commission dont
les principaux membres étaient : Benjamin
Constant, Villemain, Kératry, Bertin de Vaux,
Benjamin Delesert, Sebastiani, Bérard,
Tracy, Bondy, avec Dupin comme rapporteur.
Elle fut votée le 8 août par 219 députés contre 33,
en tout 252 sur les 406 membres dont se compo-
sait la Chambre. Acceptée le 9, elle fut promulguée le 14 août.

Beaucoup considèrent comme révolutionnaire
la transformation que subit la charte en 1830, et
affirment que la Chambre des députés outrepassa
ses pouvoirs en faisant une nouvelle constitution. Déjà, en 1830, un parti dans les Chambres,
dont faisait partie Lafayette, et qui était représenté dans la presse par le Temps, voulait remettre
au peuple l'exercice de la souveraineté et le

choix du gouvernement. C'était, semble-t-il, la
solution la plus conforme au principe de la souveraineté nationale. Le principe d'une constitution nouvelle n'avait pas été posé au peuple, et
les députés n'avaient aucun mandat pour modifier la charte. Il est bien certain en effet que, si
la Chambre avait été nommée pour résister à
Charles X, et au besoin pour le renverser, elle
n'avait pas reçu mission de choisir le régime qui
remplacerait la Restauration. L'acte de la Chambre doit donc être considéré comme un abus de
pouvoir. Il faut reconnaître cependant que l'avè-
nement du duc d'Orléans aurait probablement
résulté d'une consultation nationale. La Chambre en était persuadée, si bien qu'elle crut pouvoir, sans abus, aller au devant des vœux de la
nation.

La Charte de 1830, comme celle de 1814, ne
prévoyait pas sa revision. Nous avons vu, en étudiant cette dernière, que pour suppléer au silence de la charte, trois systèmes furent préco-
nisés : la revision par le souverain seul, la revision par une assemblée spéciale et la revision
par les trois pouvoirs constitués. De ces trois
systèmes, le premier fut définitivement abandonné après la Révolution de 1830. Il en restait
donc deux.

Pendant le règne de Louis-Philippe, la charte
fut modifiée trois fois, deux fois en 1831 et une

fois en 1842. Les deux premières revisions ayant été prévues par la constitution, elles ne donnèrent pas lieu à de violents débats. Il n'en fut pas de même de la troisième, de celle de 1842; alors les débats furent vifs, et on y discuta fortement le droit des trois pouvoirs en matière constitutionnelle [1].

Les partisans de l'assemblée spéciale raisonnaient ainsi : une constitution diffère des lois ordinaires ; elle est le titre et la loi du législateur et du chef du pouvoir exécutif ; elle règle le gouvernement. C'est la garantie prise par la nation contre ses mandataires, pour qu'ils n'abusent pas de leur mandat. S'il en est ainsi, les pouvoirs constitués ne peuvent toucher à la charte qui les a créés. « De qui le Roi tient-il ses pouvoirs ? disait M. de Tocqueville en 1833, dans son livre intitulé « De la Démocratie en Amérique ». De la Constitution. De qui les Pairs? De la Constitution. De qui les Députés ? De la Constitution. De deux choses l'une: ou leurs efforts sont impuissants contre la charte, qui con-

---

1. La raison pour laquelle cette opinion ne prit quelque consistance qu'en 1842 est la suivante : les lois qui modifièrent la Charte de 1814 à 1830 passèrent, aux yeux de beaucoup de personnes, pour des lois ordinaires. La loi de Régence de 1842, qui augmentait la Constitution, fut au contraire regardée comme une véritable loi constitutionnelle par presque tout le monde. C'est pour cela qu'un certain nombre d'orateurs firent appel à la doctrine classique du pouvoir constituant, et réclamèrent une consultation nationale.

tinue d'exister en dépit d'eux, et alors ils continuent à régner en son nom ; ou ils parviennent
à changer la charte,et alors,la loi par laquelle ils
existaient n'existant plus, ils ne sont plus rien
eux-mêmes.»

La conséquence naturelle de cette argumen-
tation était que, puisque les pouvoirs organisés
ne pouvaient toucher à la constitution, le droit
de la modifier appartenait à la nation, laquelle
déléguait son droit à des représentants spécialement nommés à cet effet, c'est-à-dire que, pour
toute revision,il aurait été nécessaire de consulter le corps électoral sur son utilité et de réunir
une constituante pour la faire. C'est là, en effet,
ce que vinrent prétendre, en 1842, les partisans
de la thèse que nous examinons.

« C'est une distinction tutélaire, fondamentale (la distinction entre le pouvoir constituant
et les pouvoirs constitués), disait Hello. C'est
l'idée mère de notre Révolution ; elle en est l'a-
vantage le plus précieux,et c'est à elle que nous
devons ce que nous sommes [1].»

Et Ledru-Rollin ajoutait : « Eh quoi, Messieurs, depuis quarante ans, tant de sang aurait
été versé, nous aurions amassé tant de gloire et
éprouvé tant de revers pour un mot, pour une
abstraction, pour une frivolité. Non, non, que

1. *Moniteur* 1842, page 1807.

le peuple se rassure, ses droits sont imprescrip-
tibles : parler ainsi, c'est blasphémer[1] ! » Et Ledru-Rollin demandait en conséquence qu'une
loi à caractère constitutionnel ne pût être votée
que par une assemblée spécialement nommée à
cet effet, ou du moins que cette loi fût soumise
à la ratification du peuple.

Il est vrai que l'origine de tous les pouvoirs
est dans la nation. Mais est-il nécessaire de convoquer une constituante, chaque fois qu'on veut
modifier la constitution? Nous ne le croyons pas.

Quoi qu'il en soit, cette théorie fut rejetée en
1842, comme elle l'avait été précédemment, sous
les règnes de Louis XVIII et de Charles X, et on
décida que le pouvoir constituant n'appartenait,
sous l'empire de la charte, ni au roi seul ni à
une constituante, mais aux trois pouvoirs créés
par la charte : Roi, Chambre des députés et
Chambre des pairs. Tous les orateurs qui prirent la parole en faveur de la loi de régence, de
Broglie, Portalis, Guizot et Thiers, se rencon-
trèrent pour affirmer qu'il n'y avait pas de pouvoir au-dessus des pouvoirs constitués. « Qu'est-
ce à dire, disait le duc de Broglie ; est-ce qu'il
existe en France deux gouvernements, l'un manifeste et l'autre occulte ? » — « On parle du
pouvoir constituant, ajoutait Portalis, comme

1. *Moniteur* 1842, page 1807.

s'il était toujours présent. Quand la constitution d'un peuple est établie, le pouvoir constituant disparaît ; c'est la parole du créateur qui commande une fois pour gouverner toujours ; c'est sa main toute-puissante qui se repose pour laisser agir les causes secondes, après avoir donné le mouvement à tout ce qui existe.»

Quant à MM.Guizot et Thiers,ils déclaraient qu'il fallait suivre le système anglais,et niaient qu'il y eût une souveraineté au-dessus et en dehors de la souveraineté résidant dans le Roi et les deux chambres, tant que durait la constitution. C'est cette souveraineté qu'on baptisa du nom de « souveraineté organisée », et qu'on opposa à la souveraineté du peuple, rejetée à cause de son incompatibilité avec l'ordre et la stabilité des États [1]. « Si on prétend, disait Guizot à la séance du 18 avril 1842, qu'il existe ou qu'il doit exister au sein de la société deux pouvoirs, l'un ordinaire, l'autre extraordinaire ; l'un constitutionnel, l'autre constituant ; l'un pour les jours ouvrables (permettez-moi cette expression),l'autre pour les jours fériés, en vérité, Messieurs, on dit une chose insensée, pleine de dangers et fatale. Le gouvernement constitutionnel, c'est la souveraineté nationale organisée. Hors de là, il n'y a plus que la société flottant au hasard, aux

---

1. SERRIGNY, *Traité du droit public des Français*, tome 1er,page 32.

prises avec les chances d'une révolution. On n'organise pas les révolutions; on ne leur assigne pas leur plan et leurs procédés légaux dans le cours régulier des affaires de la société. Aucun pouvoir humain ne pourvoit à de tels événements ; ils appartiennent à un plus grand maître, Dieu seul en dispose ; et,quand ils éclatent, Dieu emploie pour reconstituer la société ébranlée, les instruments les plus divers.... J'ai vu,dans le cours de ma vie,trois pouvoirs constituants, en l'an VIII Napoléon, en 1814 Louis XVIII, et en 1830 la Chambre des députés. Voilà la vérité; tout ce dont vous avez parlé, ces votes, ces bulletins, ces appels au peuple, ces registres ouverts, tout cela c'est de la fiction, du simulacre: cela n'est pas sérieux. Eh bien, ces trois pouvoirs constituants que nous avons eus, les seuls qui aient vraiment constitué quelque chose, quelque chose qui ait duré, avaient-ils été organisés d'avance? Non; ils ont été des instruments entre les mains du grand Maître.Soyez tranquilles, Messieurs, nous,les pouvoirs constitutionnels, nous sommes les seuls organes légitimes et réguliers de la souveraineté nationale. Hors de nous, il n'y a qu'usurpation et révolution [1]. »

« J'ai parlé dans mon bureau,disait M.Thiers

1. *Moniteur* 1842, page 1839.

le 20 août, avec peu de respect du pouvoir constituant, et je m'en excuse ; mais savez-vous
pourquoi j'ai montré pour ce pouvoir si peu de
respect, c'est qu'en effet je n'en ai pas du tout.
J'admets la différence qu'il y a entre un article
de la charte et un article de loi; mais cela ne
fait pas que je croie au pouvoir constituant. Le
pouvoir constituant a existé, je le sais ; il a
existé à plusieurs époques de notre histoire ;
mais, permettez-moi de vous le dire, s'il était le
vrai souverain, s'il était au-dessus des pouvoirs
constitués, il aurait cependant joué lui-même un
triste rôle : en effet, il a été dans les assemblées
primaires à la suite des factions ; sous le Consulat et l'Empire, il a été au service d'un grand
homme qui faisait tout plier sous l'ascendant
de son génie, faisait les constitutions qu'il demandait. Sous la Restauration, il a pris une autre forme, il s'était caché sous l'article 14 : c'é-
tait le pouvoir d'octroyer la charte et de la modifier [1]. » L'orateur se refusait donc à voir dans
le pouvoir constituant l'honneur de l'histoire.—
« Maintenant, continuait-il, quelle est la présomption ordinaire dans un gouvernement, dans
une constitution où le pouvoir constituant et le
pouvoir constitué n'ont pas été distingués ? La
présomption, la voici, d'après ce qui s'est passé

____

1. *Moniteur*, page 1829.

en Angleterre et chez nous : quand la constitution n'a pas distingué un pouvoir constituant et
un pouvoir constitué, et qu'il s'agit d'un acte important, quel qu'en soit le caractère, on s'adresse
à qui ? Aux trois pouvoirs auxquels la constitution a déféré la souveraineté, a déféré les actes
les plus importants... Quelle que soit la nature de
l'acte que vous allez faire, je vous défie de vous
adresser à autre chose qu'aux pouvoirs constitués. »

Malgré les exagérations inexactes auxquelles se portèrent les partisans du droit du pouvoir législatif, notamment quand ils nient l'existence du pouvoir constituant, malgré ces exagérations, il faut reconnaître qu'ils étaient dans le
vrai, eu égard à la charte. La fonction constituante, bien qu'étant distincte de la fonction législative, n'exige pas forcément un organe distinct. Dans le silence de la charte, les chambres
avaient raison de se l'attribuer, puisqu'elles re-
présentaient la nation, qu'elles étaient même la
seule représentation du pays. D'autant plus
qu'en obtempérant aux injonctions des partisans
de l'assemblée spéciale constituante, elles auraient été forcées tout de même de s'immiscer
dans l'exercice de cette fonction, qu'on leur dé-
niait.

Ce ne fut pas l'impossibilité des réformes qui
fit tomber la charte. Le système de revision ad-

mis en 1842 était suffisamment large. Malheureusement pour la Monarchie de Juillet, les
hommes qui profitaient du régime et qui compo-
saient les chambres, formaient une aristocratie
qui refusait absolument de s'élargir. Les électeurs, trop peu nombreux, devaient fatalement
arriver à confondre leur intérêt propre avec l'intérêt général et, par là même, perdre de vue
l'intérêt de l'État. Par suite, il se produisit un
malentendu profond entre le pays légal, c'est-à-
dire les membres du corps électoral, et le pays
réel, c'est-à-dire le reste des habitants. Le corps
électoral ne pouvait prendre l'initiative de réformes qu'il ne connaissait pas ; le pays réel ne
pouvait rien faire, n'étant pas entendu. Ce sont
ces causes principalement qui amenèrent la
Révolution du 24 février 1848, qui emporta la
charte de 1830 et remplaça la monarchie constitutionnelle par la République.

CHAPITRE VIII

CONSTITUTION DU 4 NOVEMBRE 1848

Après la chute de Louis-Philippe, un gouvernement provisoire fut nommé. Un des premiers actes de ce gouvernement fut de proclamer la République, et d'annoncer la convocation d'une assemblée nationale dans les délais nécessaires pour organiser le suffrage universel. (Décret du 26 février 1848.)

La constituante élue en vertu de ce décret ouvrit ses séances le 4 mai 1848. C'est la seule de nos assemblées politiques qui ait été nommée expressément et exclusivement pour faire une constitution. L'Assemblée constituante de de 1789 avait été nommée pour faire des remontrances au roi, pour l'amener à faire des réformes, et non pour bouleverser l'ancien ordre de choses, comme elle le fit. Celle de 1871 avait surtout été nommée pour conclure la paix. Les constituants de 1848, au contraire, ne furent élus que pour faire la constitution, et ils se regardaient, à cet égard, comme investis d'un mandat tellement illimité, qu'ils prétendaient n'avoir pas besoin d'être approuvés par la nation. C'est ce qui ressort de la lecture des débats.

« Le citoyen KERDREL. - A Dieu ne plaise que je me fasse ici l'écho de critiques exagérées, passionnées, au moment où la constitution va être présentée au peuple. (*Réclamations.*)

« Plusieurs voix. — Comment ! Présentée !

« Le citoyen KERDREL. — Ce n'est pas cela : je veux dire donnée au peuple. Eh bien, mon Dieu ! Messieurs, il faut être bien sûr de soi à cette tribune ; vous ne permettez pas une erreur [1]. »

La Constitution de 1848 fut préparée par une commission de 18 membres, nommée les 17 et 18 mai 1848. Un premier projet fut déposé le 19 juin et un second le 30 août, lorsque les bureaux eurent fait leurs observations. Il était accompagné d'un rapport de Marrast, qui prit avec Cormenin la plus grande part au travail.

Commencée le 4 septembre, la première délibération se prolongea jusqu'au 23 octobre. Le 31, Marrast déposa un second rapport, et l'ensemble de la constitution fut voté le 4 novembre, après trois jours de discussion, par 739 voix contre 30.

La promulgation de la nouvelle constitution eut lieu le 12 novembre. Elle ne fut pas soumise

---

1. *Moniteur* 1848, page 2958.

à l'approbation du peuple. Des propositions en ce genre n'avaient pas manqué ; mais elles avaient été repoussées à la presque unanimité, notamment un projet Chapot, qui fut écarté par la question préalable,et un Puységur,qui n'obtint que 43 voix contre 733. Seuls les royalistes avaient voté pour, dans l'espérance que la constitution serait repoussée par le suffrage universel.

La Constitution votée par la Constituante de 1848 ressemble à celle de 1791. Comme elle, elle est métaphysique et idéaliste ; comme elle, elle prévoit sa revision ; elle l'organise même en s'inspirant des mêmes principes.

L'utilité de la clause de revision eut, nous l'avons vu plus haut, assez de peine à se faire reconnaître en 1791 et en l'an III. En 1848, au contraire, la tradition était acquise, et la clause qui nous intéresse fut facilement acceptée. Au cours des débats, d'ailleurs, la nécessité de la clause constitutionnelle fut clairement démontrée par le rapporteur de la commission, Armand Marrast : « Les peuples, disait-il, augmentant sans cesse leur industrie et leurs lumières, accroissent dans la même proportion leurs besoins matériels et leurs besoins moraux. Ces besoins s'étendent, pénétrent dans toutes les couches du sol, et, lorsque les institutions les compriment et les refoulent, il vient

un jour, une heure où le progrès, débordant de
toute part, emporte les résistances et se fait jour
par de terribles bouleversements. C'est ce qu'on
nomme les révolutions [1]. »

« Si parfaite, ajoutait-il, que fussent les dispositions de la constitution (et elles n'ont pas
de prétentions aussi téméraires), elles ne sau-
raient enchaîner le temps et les esprits. Elles
sont temporaires, faites pour une saison de la
vie d'un peuple, et les générations qui se suc-
cèdent, et l'opinion qui se modifie, et la souveraineté du peuple conservent toujours le droit
de reviser la constitution. Nous nous sommes
bornés à conserver ce droit, qui est de toute évi-
dence, et à l'entourer de ces formes solennelles
qu'une assemblée doit toujours apporter dans
ses actes quand il s'agit de toucher à la loi fondamentale d'une société [2]. »

Il est certain qu'ouvrir la voie à la revision,
c'est empêcher dans une large mesure la révolution. La constitution n'est pas un contrat, c'est
l'expression de la volonté du peuple. On ne
saurait s'engager envers soi-même ; aussi, la
nation peut toujours réformer sa constitution,
quand bien même elle aurait entièrement manifesté une volonté contraire. « Les constitu-

1. *Moniteur* 1848, page 2237.
2. *Moniteur* 1848, page 2239.

tions, disait Napoléon sont l'ouvrage du temps ; on ne saurait laisser une trop large voie aux améliorations [1]. »

Le texte de la revision (article 111) fut voté le lundi 23 octobre, après une courte discussion [2].

§ 1er

INITIATIVE DE LA REVISION

La Constitution de 1848 exige moins de formalités que ses devancières, les constitutions de 1791 et de l'an III. L'initiative n'appartenait qu'aux membres de l'Assemblée nationale. Dans le silence de l'article 111, il faut, en effet, décider que le Président de la République ne l'a pas. L'article 49 lui donne cependant le droit d'initiative en matière législative ordinaire. Mais la revision de la constitution n'est pas une loi proprement dite ; c'est une loi exceptionnelle, qui est au-dessus des autres lois. Cependant, comme le fait remarquer M. Berriat-Saint-Prix dans son commentaire de la Constitution de 1848, il aurait toujours été facile au Président

1. PELET DE LA LOZÈRE, *Opinions de Napoléon sur divers sujets de politique*, chapitre XVI, page 151.

2. *Moniteur* du 24, page 2953.

d'éluder l'article 111, en chargeant un ministre représentant du peuple de présenter le projet. Ceci n'était pas possible dans les deux autres constitutions, puisque les ministres ne pouvaient être pris dans le Corps législatif.

Ici encore, on prend des précautions pour empêcher que la revision ne soit trop facile. La revision ne peut pas être faite à toute époque de l'année, pendant toute la durée de la législature. D'après un amendement Boussi, une assemblée aurait pu, dès sa première séance, proposer la revision. Mais on a craint que l'ardeur d'innover ne dominât trop une assemblée récemment élue, et on décida qu'elle ne pourrait s'occuper de cet objet que dans la dernière année d'une législature. L'assemblée fut pourtant avertie, au moment de la discussion, des inconvénients du système qu'elle adopta : « Il pourrait donc arriver qu'on reconnût une revision nécessaire, indispensable, urgente, et que cependant on ne pût l'opérer, et qu'on fût obligé d'attendre, au grand détriment du pays, la dernière année d'une législature [1]. »

L'assemblée pensa que ces inconvénients étaient contre-balancés par le risque de rendre la constitution trop instable, et elle passa outre.

D'ailleurs, le vœu d'une seule législature'

1. *Moniteur* 1848, page 2952, Discours de M. Boussi.

suffit, et c'est un progrès sur la constitution de 1791, qui demandait le vœu de trois législatures, et sur celle de l'an III, qui voulait que le vœu fût repris trois fois pendant neuf ans. C'était trop demander : il y avait peu d'espoir de rencontrer trois législatures différentes d'accord sur un même point ; il ne fallait pas attendre non plus que le Corps législatif, plusieurs fois modifié pendant ces neuf ans demandés, retrouvât une majorité identique sur l'utilité de la revision : il y avait, au contraire, des chances pour qu'une même législature donnât la même solution aux trois délibérations successives.

L'article 111 décidait, en effet, que le vœu de l'assemblée ne sera converti en résolution définitive qu'après trois délibérations successives, prises à un mois d'intervalle.

« Lorsque, dans la dernière année d'une législature, l'Assemblée nationale aura émis le vœu que la Constitution soit modifiée en tout ou en partie, il sera procédé à cette revision de la manière suivante :

« Le vœu exprimé par l'assemblée ne sera converti en résolution définitive qu'après trois délibérations consécutives, prises chacune à un mois d'intervalle..... »

M. Boussi aurait voulu que les délibérations fussent prises à trois mois d'intervalle ; mais l'assemblée jugea qu'un mois était suffisant pour empêcher le Corps législatif de se livrer à des propositions irréfléchies.

L'urgence ne peut pas d'ailleurs être invoquée pour mettre obstacle aux trois délibérations prescrites.

On voit qu'il n'était pas facile au vœu de prendre naissance au milieu de ces restrictions; on pensa qu'il était encore trop facile, et on inventa une majorité spéciale.

MM. Boussi et de Kerdrel avaient proposé les deux tiers des suffrages exprimés; mais on ne les écouta pas, et on décida qu'il fallait une majorité des trois quarts des suffrages exprimés avec un nombre de votants de 500 au moins. « Le vœu exprimé par l'assemblée ne sera converti en résolution définitive qu'après trois délibérations consécutives, prises chacune à un mois d'intervalle et aux trois quarts des suffrages exprimés. Le nombre des votants devra être de cinq cents au moins. » (Art. 111.)

C'est là une violation de la loi naturelle des majorités. Ce système présente cet écueil que la minorité pourra faire la loi à la majorité; l'opposition d'une minorité active pourra empêcher une réforme demandée par la grande majorité du pays. Cette majorité se trouve d'ailleurs rarement en pratique; elle est trop difficile à atteindre : « Croyez-vous donc, Messieurs, disait M. de Kerdrel lors de la discussion, qu'une majorité des trois quarts des voix soit quelque chose d'aussi commun? C'est la chose du monde la plus rare..... Vous mettez une immense majorité à la merci d'une minorité infime, turbulente, que sais-je ? (nous sommes peut-être destinés à des temps mauvais), à la merci d'une minorité factieuse, qui sera d'autant plus violente, d'autant plus active qu'elle sera plus faible..... et qui se dira : Cette constitution est un fondement ruineux ; ne réparons pas les lézardes, afin que la République tombe avec le fondement lui-même[1]. »

Le vœu de revision peut d'ailleurs être rétracté ; mais il faudra, pour ce faire, la même majorité que pour l'adoption.

Nous venons de voir que la Constitution de 1848, comme celles de 1891 et de l'an III, confie l'initiative de la revision au Corps législatif. Nous avons remarqué que, comme ses devancières, la Constitution de 1848 s'efforce d'empêcher le vœu de naître, au moyen de multiples formalités de procédure.

Si nous passons maintenant à l'examen des pouvoirs que la Constitution de 1848 donne au Corps législatif en matière d'initiative constitutionnelle, nous remarquerons tout de suite que cette constitution est plus large que les deux

____

1. *Moniteur* 1848, page 2053.

autres. Les constitutions de 1791 et de l'an III ne semblent prévoir, nous l'avons dit, que la revision partielle, la Constitution de 1848 décide, au contraire, que sa revision peut être totale ou partielle. Il n'y a aucune partie immuable ; l'article 111 le dit formellement.

« Lorsque....., l'assemblée nationale aura émis le vœu que la constitution soit modifiée en tout ou en partie..... » La revision peut même embrasser le préambule. La légalité du vœu revisionnel ne saurait être contestée, sous le prétexte que les articles mis en question se rattachent au droit philosophique, ou constituent la base nécessaire d'une certaine forme de gouvernement. On pourrait donc mettre en question jusqu'au suffrage universel ; mais cela serait bien dangereux. On pourrait, à plus forte raison, modifier l'organisation du pouvoir exécutif, sans même tenir compte de ce que le mandat du président n'est pas encore fini.

On peut donc reviser jusqu'à la forme républicaine du gouvernement : on sait que, d'après la loi du 14 août 1884, « la forme républicaine du gouvernement ne peut faire l'objet d'une proposition de revision[1] ».

Comme en 1791 et en l'an III, l'initiative est purement législative ; le Président de la République est absolument exclu par les textes.

---

[1]. Article 2.

Les constituants de 1848, en n'admettant pas l'initiative présidentielle, furent moins logiques que ceux de 1789. La Constitution de 1848, en effet, donne au Président de la République le droit d'initiative législative[1]. Il est vrai que cette erreur est en partie corrigée par ce fait que les ministres peuvent être représentants du peuple, ce qui n'était pas permis en 1791 et en l'an III.

Le président peut donc charger un ministre de présenter le projet.

Nous venons de voir que, suivant l'exemple des constitutions de 1791 et de l'an III, la constitution de 1848 refuse au gouvernement toute participation dans l'initiative constitutionnelle. Comme elles, encore, elle ajourne indéfiniment la revision. Cependant la constitution de 1848 est moins exigeante que ses devancières. En effet, une seule législature est suffisante pour adopter un vœu de revision. Malheureusement, cette législature est encore entravée dans son œuvre par suite de trois mesures inscrites dans l'article 111. D'abord, l'assemblée nationale ne peut émettre de vœu constitutionnel que dans la dernière année d'une législature; autrement dit, il ne peut y avoir de revision que tous les trois ans au maximum. Ensuite, il faut trois délibérations successives, prises à un mois d'in-

1. Article 49 de la constitution de 1848.

tervalle, pour que le vœu exprimé par l'assemblée soit transformé en résolution définitive. Il faut enfin, pour chacune de ces délibérations, une majorité des trois quarts des suffrages exprimés et un quorum de cinq cents votants au moins.

« Lorsque, dans la dernière année d'une législature, dit l'article 111, l'Assemblée nationale aura émis le vœu que la constitution soit modifiée en tout ou en partie, il sera procédé à cette revision de la manière suivante:

« Le vœu exprimé par l'assemblée ne sera converti en résolution définitive qu'après trois délibérations consécutives, prises chacune à un mois d'intervalle et aux trois quarts des suffrages exprimés; le nombre des votants devra être de cinq cents au moins. »

§ 2

FORMALITÉS DE LA REVISION

La Constitution de 1848 est beaucoup moins longue que celles de 1791 et de l'an III. Elle se contente d'insister sur certains points dans l'art. 111, qui compose seul le chapitre XI sur la revision de la constitution. Il faut cependant joindre à ce texte les articles 22 et 23, qui se trouvent placés à tort dans le chapitre iv, qui organise le pouvoir législatif. Voici ces textes :

« ART. 111. — .....

« L'assemblée de revision ne sera nommée que pour trois mois.

« Elle ne devra s'occuper que de la revision pour laquelle elle aura été convoquée.

« Néanmoins, elle pourra, en cas d'urgence, pourvoir aux nécessités législatives.

« ART. 22. — Ce nombre (le nombre total des représentants) s'élèvera à neuf cents pour les assemblées qui seront appelées à reviser la constitution [1].

« ART. 29. — Les dispositions de l'article précédent ne sont pas applicables aux assemblées élues pour la revision de la constitution [2]. »

En 1848 comme en 1795, le Corps législatif ne fait que se prononcer sur l'opportunité des

---

1. C'est une dérogation à l'article 21, qui décide que l'assemblée législative est composée de 750 membres.

Les représentants à l'assemblée de revision étaient d'ailleurs nommés de la même manière et aux mêmes conditions que les représentants à l'assemblée législative, c'est-à-dire qu'ils étaient élus au suffrage direct et universel et au scrutin secret; ils devaient être âgés de 25 ans.

2. « Toute fonction publique rétribuée est incompatible avec le mandat de représentant du peuple. Aucun membre de l'Assemblée nationale ne peut, pendant la durée de la législature, être nommé ou promu à des fonctions publiques salariées dont les titulaires sont choisis à volonté par le pouvoir exécutif. » (Article 28 de la Constitution de 1848.)

revisions proposées. C'est aussi une assemblée spéciale qui est chargée du soin de l'accomplissement de la revision.

Nous avons vu plus haut que les assemblées de revision étaient plus nombreuses que les assemblées législatives en 1791, qu'au contraire elles l'étaient moins en l'an III. En 1848, on revient au système suivi en 1791.

C'est, nous l'avons dit, pour concilier deux opinions contraires que la Constituante de 1791 s'arrêta à ce système. Mais pourquoi cette augmentation en 1848? M. Dupin nous en donne une raison dans son commentaire sur l'article 22 : « C'est, dit-il, pour que la constitution ne soit pas modifiée par un nombre inférieur à celui qui l'a votée ; mais en vérité, je crois que, même pour la revision, 750 membres auraient suffi. [1] » L'assemblée constituante de 1848 comprenait aussi 900 membres : on a voulu ce nombre dans la crainte, sans doute, que la revision ne semblât moins conforme au vœu national que la rédaction primitive. La raison pour laquelle les constituants de 1848 augmentèrent le nombre des députés à l'assemblée de revision, était donc vraisemblablement de faire l'assemblée de revision la représentation la plus fidèle

---

1. Dupin, *Constitution de la République française*, cité par M. Laboulaye, *Questions constitutionnelles*, pages 207 et 203.

de la nation et des partis politiques. Étant donnée cette raison, il semble qu'il aurait été difficile de regarder comme irrégulière la réforme d'un article constitutionnel, sous le prétexte qu'il aurait été voté qar 1,000 représentants au lieu de 900. Il en serait certainement autrement, si celle-ci avait été prononcée par un nombre trop faible pour constituer une représentation nationale sérieuse.

En 1848, à l'encontre de ce qui devait se passer sous les régimes des contitutions de 1791 et de l'an III, on supprime toutes les incapacités qu'on avait cru devoir établir pour le Corps législatif. On a pensé que l'assemblée de revision devait représenter au plus haut degré le peuple, qui lui délègue sa souveraineté sans restriction : il n'y a plus de limites à la liberté de l'électeur, plus d'exclusion dans le choix des représentants. La liberté illimitée devient alors le principe essentiel et dominant. L'Assemblée constituante a besoin de toutes les lumières et de tous les dévoûments, même des représentants et des fonctionnaires, d'autant plus que cette assemblée, plus puissante que les assemblées de revision de 1791 et de l'an III, peut être appelée pour modifier entièrement la constitution. Les considérations qui font défendre le cumul doivent être d'autant plus écartées, que l'assemblée de revision dure seulement trois mois; à plus forte raison regardera-t-on comme inapplicables les incompatibilités additionnelles établies par le pouvoir législatif, ou les extensions qu'il aurait jugé à propos de donner à l'exclusion prononcée par l'article 28-2° contre les membres de l'assemblée.

Le système de 1848 nous semble devoir être préféré à celui suivi par les constitutions de 1791 et de l'an III. Pour un acte aussi important que la revision constitutionnelle, il semble qu'il n'est pas de trop d'appeler tous les hommes capables du pays pour y coopérer.

Si la constitution de 1848 a raison de se séparer des deux autres au sujet des incapacités et des incompatibilités, elle se montre moins logique en s'en rapprochant pour décider que l'assemblée de revision ne sera composée que d'une chambre. Il faut cependant remarquer qu'en agissant ainsi, les constituants de 1848, comme ceux de 1791, ne faisaient que suivre les principes posés.

L'assemblée de revision, ainsi composée, n'avait pas de pouvoirs illimités. Les constituants de 1848 pensèrent qu'il valait mieux limiter les pouvoirs des assemblées de revision aux articles visés dans le vœu que de les laisser libres de modifier tous les articles qu'il leur plaisait, sous le prétexte que certaines modifications pouvaient en entraîner d'autres. C'était au Corps législatif à le prévoir et à refaire un nouveau vœu, si les réformes étaient inconciliables avec la partie du texte de la constitution qui n'avait pas été modifiée.

La peur de voir l'assemblée de revision se transformer en convention omnipotente incita les auteurs de la Constitution de 1848 à lui refuser le pouvoir législatif, sauf en cas d'urgence. On avait, en effet, écarté la proposition Boussi, qui donnait à l'assemblée de revision toutes les attributions et la durée d'une assemblée législative.

Cette innovation de la constitution de 1848 fut établie pour parer à l'éventualité du besoin d'une loi absolument urgente, qu'on opposait aux partisans de l'isolement de l'assemblée de revision, les assemblées législatives cessant d'exister pendant la période de revision. Cette restriction est d'ailleurs purement illusoire : qui sera juge en effet de cette urgence ? Sans nul doute, l'assemblée elle-même. Or, toutes les fois que son intérêt sera en jeu, elle déclarera l'urgence. Alors, autant lui donner tout de suite le pouvoir législatif sans restriction. Cette solution est plutôt engageante ; car ce qui est dangereux pour les libertés publiques, ce n'est pas la confusion des deux pouvoirs constituant et législatif dans une seule main, mais surtout la confusion des pouvoirs législatif et exécutif.

Disons enfin que, comme en l'an III, la durée de l'assemblée de revision était limitée à trois mois, pour la raison, nous dit M. Dupin, que l'on a vu dans la revision une crise politique.

La préoccupation des auteurs de la Constitution de 1848 était surtout de rendre la revision difficile ; l'un d'eux, Dupin (de la Nièvre), l'avoue franchement : « La commission de la constitution, disait-il au nom de cette commission, a pensé qu'en ouvrant la voie de la revision, il ne fallait pas la rendre trop facile. Elle a pensé que la revision de la constitution était la chose la plus grave ; que c'était un moment de crise, de grande crise pour un État. Voilà pourquoi elle a rendu plus difficile la possibilité d'arriver à une revision, et très court le temps qu'on employait à faire cette revision : voilà son but, voilà pourquoi nous avons exigé les trois quarts des voix. — Maintenant, pourquoi veut-on les deux tiers ? C'est dans une pensée différente : c'est pour rendre la revision plus facile et plus fréquente [1]. »

Devant cette difficulté pratique du système de revision, on s'est demandé s'il était obligatoire, s'il s'imposait aux assemblées législatives chargées de l'initiative et au peuple souverain. N'était-ce pas, au contraire, simplement un

____

1. *Moniteur* 1848, page 2953.

conseil donné par le législateur? Certains prétendirent que celui-ci, pas plus en 1848 qu'en 1791 et en 1795, ne chercha à imposer sa volonté à la nation, mais qu'il s'était simplement borné à lui indiquer une manière de faire qu'elle était libre de suivre ou non. Suivant eux, le peuple souverain aurait donc toujours été libre de choisir un autre mode pour manifester sa souveraineté constitutionnelle.

Sans nous attarder à rechercher si cette opinion était fondée, et cela à raison du peu d'intérêt que cette question présente aujourd'hui, nous dirons simplement que, posée en 1791 par le représentant Muguet[1], sans aucun succès d'ailleurs, elle fut reprise à plusieurs époques, notamment en 1792[2], en l'an III[3] et enfin en 1848.

En 1848, ce système fut préconisé dans le commentaire de M. Dupin : « Constitution de la République française (1849). » M. Dupin était un des rédacteurs de la constitution. Or, d'après lui, l'article 111 ne lie ni le pays ni le corps législatif. La même thèse fut reprise par M. Laboulaye, dans une brochure qu'il publia en 1851 sur « La Revision de la Constitution ». D'après cet auteur, l'article 111 n'est qu'un

---

1. Séance du 25 juillet, *Moniteur* 1792, page 876.

2 *Moniteur* 1791, page 1012.

3. Constitution de Boissy d'Anglas, *Déclaration des droits*, article 25 titre XIII, articles 1 et 9.

conseil, car les législatures n'ont jamais eu le pouvoir ni le droit d'obliger la France à conserver une charte qui la gêne ; elles n'ont jamais reçu un tel pouvoir, et n'ont jamais pu le recevoir ; car la nation, qui ne peut se lier elle-même, n'a pu déléguer un pouvoir qu'elle n'a pas. La constitution n'est pas une loi qui assujétisse et lie la nation, mais rien de plus que la règle suprême des pouvoirs publics. Aussi, le mandat des constituants n'est que d'organiser ces derniers, mais non d'obliger la nation envers cette organisation. La souveraineté du peuple est inaliénable, c'est-à-dire qu'on ne peut la soumettre au mauvais vouloir d'une minorité ; elle est imprescriptible, c'est-à-dire qu'on ne peut la suspendre pour trois ans. Si l'article 111 commande, il faut rayer l'article 1ᵉʳ ; car c'est une assemblée qui n'existe plus qui est souveraine. S'il viole les droits inaliénables de la nation, il est nul ; car il y a toujours à revenir contre toutes les usurpations. Le peuple ne peut se lier parce que sa volonté est toujours légale. On constitue un gouvernement ; on ne constitue pas un peuple. Puis M. Laboulaye constate que, depuis 1789, on a jamais refusé à la nation le droit imprescriptible de changer sa constitution. Il cite le Contrat social de Rousseau [1], puis il passe

1. Rousseau, *Contrat social*, livre i, capitre vii ; livre ii, chapitre xii.

au témoignage de Sieyès [1]; et, fort de l'appui de ces auteurs, ainsi que de celui des prétendus précédents qu'il croit trouver dans les constitutions de 1791 et de l'an III, il concluait que les représentants, liés par la constitution, peuvent toujours consulter le peuple, devant qui ils sont responsables. Ce droit est supérieur à la constitution, prétend-il; sans cela, le peuple, pour manifester sa volonté, est obligé de recourir à l'insurrection. Les représentants auraient pu faire cette consultation dans les formes qu'ils auraient voulu, les formes prescrites n'étant qu'un conseil pour faciliter la consultation nationale. Il est d'ailleurs assez étrange, affirmait-il, et en cela il n'avait pas tort, qu'une minorité puisse s'opposer aux réformes dont la majorité de la France a besoin.

M. Laboulaye proposait donc de violer la constitution. Malgré son peu de respect pour elle, l'assemblée de 1851, devant qui la question fut portée jugea avec raison que l'article 111 était obligatoire, et s'en tint à la lettre de ce texte. Le sytème préconisé par MM. Dupin et Laboulaye était peut-être vrai en théorie, était peut-être celui qui aurait dû être suivi. Malheureusement, la constitution de 1848, pas plus que celles de 1791 et de l'an III, ne semble l'avoir

<hr>

1. SIEYÈS, *Qu'est-ce que le Tiers État ?* page 131 et suivantes.

adopté : elle ne laisse aucunement entendre qu'elle donne un choix à la nation. C'est pour cela que M. Laboulaye et les partisans de son système cherchent leurs arguments dans des projets qui ne furent pas votés, et dans des auteurs dont l'opinion ne fut pas adoptée, mais jamais dans les textes mêmes des constitutions.

Le rejet des propositions de revision par la Chambre de 1851 fut la cause de la chute de la Constitution de 1848. Le prince président, ne pouvant arriver à se faire réélire, puisqu'on refusait de reviser la constitution, qui interdisait la réélection présidentielle, eut recours au coup d'État. Le 2 décembre 1851, une proclamation de la présidence prononçait la dissolution de l'assemblée nationale et du Conseil d'État, et convoquait le peuple dans ses comices.

Ainsi disparaissait la Constitution de 1848, après avoir régi la France pendant un peu plus de trois ans.

CHAPITRE IX

Le plébiscite qui suivit le coup d'État du 2 décembre porta sur la question suivante : « Le peuple français veut le maintien de l'autorité de Louis-Napoléon Bonaparte, et lui délègue les pouvoirs nécessaires pour établir une constitution sur les bases proposées dans sa proclamation du 2 décembre 1851. » Préparé par des mesures rigoureuses, le résultat du vote, promulgué par décret du 31 décembre, fut d'environ 7,400,000 oui sur huit millions de votants.

Ce plébiscite donnait à Louis-Bonaparte seul les pouvoirs nécessaires pour faire une constitution nouvelle. Cette constitution est en effet son œuvre presque exclusive. Elle fut préparée par lui, avec l'assistance d'une commission de cinq membres nommés par lui, et qui étaient : MM. Rouher, Troplong, Mesnard, de Persigny et Flahaut.

La constitution élaborée par Louis Napoléon, et qui porte la date du 14 janvier 1852, suivit le même système que celle de l'an VIII en matière de revision constitutionnelle ; mais le rôle du Sénat est mieux établi et plus précis.

La matière qui nous occupe est régie par les articles 27, 28, 31 et 32 du titre ɪv de la constitution. Ces articles distinguent deux sortes de pouvoir constituant : celui qui porte sur les bases mêmes de la constitution et celui qui ne porte que sur des points de détail.

Cette seconde catégorie comprend :

1° L'organisation constitutionnelle des colonies ;

2° Le complément de la constitution ;

3° L'interprétation de la constitution ;

4° Les modifications de détail à la constitution.

Ces matières sont régies par les articles 27, 28 et 31, qui s'expriment de la manière suivante :

« Art. 27. — Le Sénat règle par sénatus-consulte :

« 1° La constitution des colonies et de l'Algérie ;

« 2° Tout ce qui n'a pas été prévu par la constitution et qui est nécessaire à sa marche;

« 3° Le sens des articles de la constitution qui donne lieu à différentes interprétations.»

C'est, comme on le voit, la répétition presque textuelle de l'article 54 du sénatus-consulte du 16 thermidor an X.

« Art. 28. — Ces sénatus-consultes seront soumis à la sanction du Président de la République et promulgués par lui. »

« Art. 31. — Il (le Sénat) peut également proposer des modifications à la constitution. Si sa proposition est adoptée par le pouvoir exécutif, il est statué par un sénatus-consulte.»

Sous les trois premiers rapports, l'initiative appartient au sénat et la sanction au président. Pour les lois ordinaires, au contraire, c'est le président qui jouit et du droit d'initiative et du droit de sanction. (Articles 8-10.)

Pour les modifications proprement dites apportées à la constitution, le Sénat propose, le président adopte et le Sénat statue.

On ne voit pas, au premier abord, comme le fait remarquer M. Berriat-Saint-Prix, en quoi le pouvoir de modifier diffère, dans son exercice, du pouvoir d'organiser ou d'interpréter. (Article 27.) La différence consiste dans la nécessité de deux délibérations successives du Sénat et d'une adoption intermédiaire du président pour les modifications, tandis qu'une seule délibération sanctionnée par le président est suffisante pour organiser et interpréter. Mais faut-il que le président sanctionne la décision définitive ? L'article 31 est muet sur cette condition ; mais il faut penser, malgré tout, que c'est là un oubli, et regarder la sanction du président comme néces-

saire, conformément à l'article 10. La décision
ne doit pas en effet différer, au moins quant
au fond, de la proposition primitive; autrement,
on ne pourrait dire qu'elle a été adoptée par le
président et qu'elle a subi deux épreuves.

D'une manière apparente, c'est donc le Sénat
qui jouit de l'initiative, tandis que, d'après le sénatus-consulte du 16 thermidor an X, l'initiative
appartient toujours au chef de l'État.

Passons maintenant au pouvoir constituant
supérieur, à celui qui porte sur les bases ap-
prouvées par le plébiscite du 21 décembre 1851,
ou par tout autre plébiscite ultérieur. Comme en
l'an VIII, ce pouvoir-là appartient au peuple.
L'article 33 nous dit en effet: « Néanmoins, sera
soumise au suffrage universel toute modification
aux bases fondamentales de la constitution, telles qu'elles ont été posées dans la proclamation
du 2 décembre 1851 et adoptées par le peuple
français. »

Cela est assez logique, seule la puissance
qui crée peut détruire. Ce que la nation a voulu
ne peut être changé que par la volonté de la
nation. Le principe protège, comme nous venons
de le dire, non seulement le plébiscite de 1851,
mais encore tous les plébiscites ultérieurs, soit
qu'ils ajoutent des bases nouvelles, soit qu'ils
modifient les anciennes. Le droit de convoquer
le peuple, l'initiative du plébiscite appartient au

président,et consiste dans l'appel au peuple formulé par lui *proprio motu*,conformément à l'article 5 ', ou sur la proposition du Sénat avec approbation du président. (Article 31.)

En résumé, le président participe au pouvoir constituant en faisant des appels au peuple (articles 5 et 32),ou en adoptant la proposition faite par le Sénat de modifier la constitution (article 31);

Le Sénat, en proposant des modifications à la constitution,et en les rédigeant définitivement si le président les adopte, sauf à convoquer le peuple, s'il y a lieu (articles 5, 31 et 32), en réglant, avec la sanction du président, la constitution des colonies,ce qui est nécessaire à la marche de la constitution, et le sens des articles obscurs (article 27).

Nous avons vu précédemment, en étudiant la Constitution de l'an VIII, ce qu'il fallait penser de ce système : nous n'y reviendrons pas. Nous ferons seulement remarquer que le Sénat de 1852 était peut-être moins apte à la besogne constitutionnelle que celui de 1802,et cela parce qu'il était choisi par le gouvernement et dépendait de lui sous divers rapports. Le pouvoir constituant appartient donc au chef de l'État seul,

---

1. Article 5. — Le Président de la République est responsable devant le peuple français, auquel il a toujours le droit de faire appel.

puisqu'il a le Sénat à sa dévotion. « Bref, dit
M. Corentin-Guyho, c'était, comme l'écrivait
M. de Cormenin, une vraie « comédie, avec des
rôles sus d'avance et répétés tant bien que mal
par des acteurs brodés au collet, sans spectateurs, sans souffleur, et même sans moucheur
de chandelles[1]. » Il est vrai cependant que le
gouvernement est obligé de faire agir le Sénat,
obstacle peu sérieux puisque les sénateurs sont
nommés par le président.

La Constitution de 1852 présenta au moins
autant d'instabilité que celle de l'an VIII: « Il est
inconcevable, disait M. Lanfrey dans la chronique politique de la Revue nationale du 10 juillet 1863[2], que, sous prétexte de glorifier la politique du gouvernement, on ait pu songer à lui appliquer l'épithète d'immuable. On a voulu dire,
sans doute, immuable dans sa mobilité. Où trouver, en effet, une seule de nos constitutions antérieures qui ait subi un aussi grand nombre de
modifications que celle qui nous régit? Il est à
peine quelques-unes de ses dispositions qui
n'aient été remaniées de fond en comble ; c'est
au point que, si nous étions conservateurs, nous
ne serions pas sans éprouver quelque inquiétude
au sujet de la stabilité tant vantée de nos institu-

1. CORENTIN-GUYHO, « La constitution de 1852 », *Nouvelle Revue*, tome
LIII, page 712.
2. 51° livraison, page 595.

tions. Quand une institution a duré deux ans, elle est usée et mise au rebut. » De 1852 à 1870, il y eut 17 modifications. Remarquons que plusieurs de ces modifications furent faites par simple décret. Le pouvoir dictatorial du président pouvait, en effet, se changer en pouvoir constituant. Bien que la constitution ne lui reconnût pas formellement ce droit, on peut le faire résulter du plébiscite du 21 décembre 1851. Toutes les modifications, depuis 1852 jusqu'en 1870, furent d'ailleurs faites sous la poussée de l'opinion publique. C'est là la preuve qu'elles étaient bien conformes aux désirs du pays. Elles devaient aboutir au sénatus-consulte de 1870, qui modifia si profondément la Constitution de 1851, qu'il est généralement regardé comme une constitution nouvelle.

CHAPITRE X

La nouvelle constitution de 1870 fut préparée par le sénatus-consulte de 1869, à l'occasion duquel l'Empereur avait proposé de partager le pouvoir constituant entre lui, le Sénat et le Corps législatif ; mais ce projet ne passa pas au Sénat.

Le sénatus-consulte de 1870, préparé par une commission, fut déposé au Sénat le 28 mars et voté le 20 avril à l'unanimité de 130 voix.

Comme il était d'une grande gravité, et qu'il changeait les bases fondamentales de la constitution, il fut soumis à un plébiscite le 8 mai, qui donna les résultats suivants : 7,350,142 oui, 1,548,825 non et 112,975 bulletins nuls.

Enfin, le 21 mai, Napoléon sanctionna et promulgua comme loi de l'État le tout, sénatus-consulte et plébiscite.

Le sénatus-consulte du 20 avril 1870 ne fait plus, comme l'acte additionnel, de distinction entre les bases et les détails. L'article 44 porte en effet que « la constitution ne peut être modifiée que par le peuple, sur la proposition de l'Empereur. »

Le pouvoir constituant est donc retiré au Sénat, qui devra désormais se contenter de son rôle de haute Chambre législative. Comme en 1815, le pouvoir constituant appartient à la nation, sur la proposition de l'Empereur. Mais la Constitution de 1870 présente l'avantage sur son aînée de le déclarer nettement.

Le sénatus-consulte de 1870 ne pourra donc être réformé que par le mode de l'article 44. En agissant ainsi, c'est-à-dire en confiant le pouvoir constituant à la nation consultée par l'Empereur, sans l'intermédiaire d'une assemblée délibérante, on a voulu rendre la constitution plus stable.

Toutefois, le pouvoir constituant, tel qu'il se trouve organisé par le sénatus-consulte de 1870, aussi bien que par l'acte additionnel de 1815, contredit formellement « le système parlementaire, qui ne veut d'autre maître que ses propres délibérations [1] ».

Déjà, en 1869, on avait cherché à donner le pouvoir constituant au Corps législatif. M. Jules Favre avait déposé, le 30 novembre, un projet de loi en ce sens et ainsi conçu : « Le pouvoir constituant appartiendra désormais exclusivement au Corps législatif [2]. » Mais cette loi ne fut pas votée.

1. Faustin-Hélie, *Les Constitutions de la France*, page 1339.
2. *Moniteur* 1869, page 1586.

Avec le sénatus-consulte de 1870, on arrivait au gouvernement parlementaire, à une constitution ressemblant fort à la Charte de 1830. D'après l'article 43, les sénatus-consultes antérieurs et la Constitution de 1852 deviennent des lois ordinaires. Il ne restait plus que deux bases de la Constitution de 1852 :

1° L'Empereur restait responsable devant le peuple ;

2° L'Empereur conservait seul le droit de proposer des modifications à la constitution, et ces modifications devaient être ratifiées par plébiscite.

Ce droit exclusif du chef de l'État en matière constitutionnelle était exagéré : il pouvait toujours revenir à l'Empire autoritaire. C'est ce qui explique l'enthousiasme des partisans de l'Empire : « J'applaudis à la constitution nouvelle, disait M. de Persigny. Le souverain a gardé tous ses pouvoirs ; il a conservé tous les instruments de l'autorité réelle, tous les moyens de l'empire autoritaire, en créant l'empire libéral [1]. »

C'est qu'en effet le plébiscite n'était pas bien sincère sous le second empire, comme le fait remarquer M. Grévy : « Quand, disait-il, on place une nation entre le fait accompli et le

1. Cité par Gabriel Arnoult, *De la Revision des constitutions*, page 193.

néant, en la trompant et en la terrifiant, je dis
que la réponse qu'on lui demande est un ordre
qu'on lui donne. Il est manifeste que le plébiscite n'est pas une manière de connaître la volonté
nationale ; ce n'est qu'un moyen de la confisquer.»
Cette critique est assez juste quand elle s'applique aux deux empires. Il est vrai que plusieurs
plébiscites furent faits sous l'influence d'une
pression illégale ; mais elle ne doit pas être gé-
néralisée. Le plébiscite ou referendum, comme
on le nomme aujourd'hui, nous l'avons vu déjà,
peut être utilement pratiqué dans un pays libre.
Plusieurs nations étrangères, la Suisse et les
États-Unis notamment, y ont fréquemment recours, et s'en montrent très satisfaites. Mais,
pour que le plébiscite soit sincère, il ne faut aucune pression du gouvernement, que la presse
soit libre, afin que la nation puisse donner sa
réponse en toute sécurité et en connaissance de
cause.

Nous ne nous arrêterons pas plus longtemps
sur cette constitution, qui fut anéantie presque avant d'avoir été mise en pratique[1]. Nous dirons seulement, en terminant, que nous n'avons
trouvé aucune constitution monarchique étrangère qui donnât le pouvoir constituant au chef

---

1. La Constitution de 1870 eut une existence de quatre mois et
quelques jours (20 avril-4 septembre 1870).

de l'État seul, même avec ratification populaire subséquente. Il est à présumer, en effet, que le monarque investi d'un tel pouvoir modifierait à sa fantaisie la loi fondamentale, et finirait le plus souvent par supprimer toute liberté.

CHAPITRE XI

CONSTITUTION DE 1875

La Constitution de 1875 fut l'œuvre de l'Assemblée nationale convoquée par le décret du 29 janvier 1871.

Les élections eurent lieu le 8 février, et l'Assemblée se réunit à Bordeaux le 13 février 1871. Elle comptait 400 monarchistes constitutionnels, se rangeant derrière M. Thiers, 200 républicains, 100 légitimistes et 30 bonapartistes.

L'Assemblée de 1871 était investie de la plénitude de la souveraineté. C'est la quatrième de nos assemblées, depuis 1789, qui présente ce caractère. Les autres assemblées souveraines furent la Constituante de 1789, la Convention et la Constituante de 1848. L'Assemblée de 1871, par suite, statuait elle-même sur l'étendue de ses propres pouvoirs. Elle avait une double tâche à remplir : 1° il fallait conclure la paix ; 2° il fallait réorganiser les pouvoirs publics.

Le droit à remplir la seconde tâche fut cependant contesté à l'Assemblée de 1871. On a prétendu, en effet, et on prétend encore aujourd'hui, qu'elle n'avait pas le droit de constituer.

Gambetta fit remarquer que le premier décret du gouvernement de la Défense nationale avait convoqué les électeurs pour nommer une constituante ; qu'alors, si ce décret avait été exécuté, les citoyens auraient pu voter en toute liberté, le territoire n'étant pas encore envahi. Le décret du 29 janvier 1871, au contraire, n'avait été rendu que dans des circonstances tout autres, et, de plus, ne dit pas un mot du pouvoir constituant. L'ancien membre du gouvernement de la Défense nationale en concluait que, puisque les pouvoirs de l'Assemblée n'avaient pas été fixés à l'avance, pas plus que la durée, elle devait se borner à faire une loi électorale et à convoquer les électeurs.

On a dit aussi que l'Assemblée nationale n'avait été nommée et convoquée que pour trancher la question de paix ou de guerre. On ajoute que le peuple, accablé de malheurs, n'avait alors ni le temps ni le calme nécessaires pour discuter les questions constitutionnelles ; qu'il eût été antipatriotique de donner de confiance, aveuglément, le pouvoir constituant à une assemblée nommée sous l'injonction d'un vainqueur impitoyable. « Les représentants du peuple soussignés, disait un groupe républicain le 19 mai 1873, considérant qu'aucune assemblée élue n'a le droit d'exercer le pouvoir constituant qu'en vertu d'un mandat spécial, nettement défini, indiscutable; considérant qu'aucun mandat de ce genre n'a été donné à l'Assemblée, déclarent protester contre la présentation de projets constitutionnels, laquelle attribue à l'assemblée un pouvoir constituant que les représentants soussignés persistent à ne pas lui reconnaître. »

Ce n'était là que des théories de circonstance. Les républicains déniaient le pouvoir constituant à l'Assemblée de 1871, uniquement parce qu'ils ne croyaient pas qu'on pût organiser la République avec une assemblée en majorité monarchique. Le gouvernement de la Défense nationale, issu de la Révolution du 4 septembre, en effet, avait régulièrement convoqué les électeurs pour obtenir la réunion d'une assemblée liquidatrice des fautes de l'Empire et, par là même, créatrice d'un nouvel ordre de choses. Il était inutile et même dangereux, après la terrible invasion étrangère, et en pleine guerre civile, que cette assemblée, après avoir fait une simple loi électorale, se démît de ses fonctions pour faire place à une nouvelle assemblée. C'eût été perpétuer des troubles déjà fort graves, augmenter l'anarchie des esprits. D'ailleurs, l'assemblée avait surtout le devoir de faire une constitution. « Une ratification, a dit M. Dupin, vaut mieux qu'un mandat, qui quelquefois est sollicité avec de belles promesses et accordé sous certaines conditions, trop souvent oubliées et méconnues ; mais la ratification venant après, elle est donnée en connaissance de cause. »

L'Assemblée nationale fit donc bien, selon nous, puisque rien ne pouvait la contraindre à se dissoudre, régulièrement formée qu'elle était, de conserver le pouvoir constituant que personne ne pouvait justement lui dénier. En effet, il n'y avait plus de pouvoirs constitués au lendemain de la chute de l'Empire, et l'Assemblée, seul pouvoir existant, possédait le pouvoir constituant. On pourrait encore chercher des arguments dans les précédents ; mais nous n'insistons pas. Au surplus, qui donc, en dehors de l'Assemblée nationale, aurait eu qualité, en 1871, pour se dire interprète plus autorisé des volontés du pays ?

Il fallait donc, de ce que le décret du 29 janvier 1871 ne s'expliquait pas, tirer cette conclusion que l'Assemblée nationale devait, par la force même des choses, être souveraine. D'ailleurs, appeler une assemblée nouvelle, comme le voulaient certains, n'était-ce pas pour l'Assemblée exercer le pouvoir constituant ?

Enfin, si on doutait encore, il n'y aurait qu'à consulter la circulaire envoyée par M. Hérold, ministre de l'intérieur, le 4 février 1871. Cette circulaire, en effet, contient la phrase suivante, qui suffirait, elle seule, à justifier l'Assemblée nationale du reproche de s'être attribué sans droit le pouvoir constituant : « Il faut faciliter aux électeurs le vote de toutes façons..... car il s'agit de nommer une assemblée qui va décider de notre sort au point de vue de la paix ou de la guerre, et qui sera peut-être appelée à poser les bases de nos institutions politiques[1]. »

Quoi qu'il en soit, l'Assemblée nationale se considéra toujours comme investie de la pleine souveraineté, et c'est à ce titre qu'elle vota une série de constitutions provisoires, avant d'en arriver aux lois constitutionnelles actuelles.

La première de ces constitutions fut celle du 17 février 1871, qui remet la direction du gouvernement à M. Thiers, avec le titre de chef du pouvoir exécutif.

Après la répression de la Commune, on s'aperçut que, si l'on voulait mener à bien la réorganisation des pouvoirs publics, il fallait avoir un gouvernement fort et solide. C'est pour cela qu'on vota le 31 août le projet d'un conservateur, M. Rivet.

On eut ensuite la loi du 20 novembre 1873, qui vint changer les rapports des pouvoirs publics,

---

1. Cité par M. Félix CHALLETON, *Cent ans d'élections*, tome II, page 179.

Et enfin les lois constitutionnelles qui forment la constitution de 1875. La loi sur l'organisation du Sénat fut votée le 24 février 1875, et la loi sur l'organisation des pouvoirs publics le 25 février. Ces deux lois, complétées, le 16 juillet, par une troisième loi réglant les rapports des pouvoirs publics organisés par les deux premières, n'étaient admises que comme un pis aller, tant par les royalistes que par les républicains.

Les lois constitutionnelles de 1875 prévoient leur revision, et organisent le pouvoir constituant dans un seul et unique article, l'article 8 de la loi du 25 février 1875, relative à l'organisation des pouvoirs publics.

Ce n'est pas sans difficulté que le législateur de 1875 s'arrêta à ce texte. De même qu'en 1791, le premier projet de lois constitutionnelles, déposé sur le bureau de l'Assemblée nationale le 19 mai 1873, était muet sur cette matière. Le premier, Casimir Périer, dans un projet de constitution qu'il déposa en son nom et au nom de huit de ses collègues, en demandant l'urgence, cite parmi les bases de la constitution future la création du droit de revision. « La commission des lois constitutionnelles, disait un article du projet, prendra pour base de ses travaux sur l'organisation et la transmission des pouvoirs publics :

« 3° La création du droit de revision partielle ou totale de la Constitution, dans les formes et à des époques que déterminera la loi constitutionnelle [1].»

L'exposé des motifs qui accompagnait le projet présenté le justifiait par les raisons suivantes : « En demandant que le droit de revision ne soit soumis à d'autres restrictions que celles des formes et des délais qui, sans en diminuer l'étendue, empêchent qu'il ne se transforme en un moyen d'agitation perpétuelle, nous croyons avoir concilié tout ce que veulent la sincérité et le respect d'autrui avec tout ce qu'exige la souveraineté nationale [2]. »

La proposition de Casimir Périer ne plut pas à la majorité de l'Assemblée nationale : la droite la réprouvait parce qu'elle reconnaissait la République ; la gauche crut voir dans l'annonce de la clause constitutionnelle l'établissement d'un régime provisoire. « On avait, dans la première forme du projet, dit M. Edgard Quinet, inséré un article sur la revision, comme si, pour sortir du provisoire, ce qu'il y avait de plus pressé était d'annoncer un provisoire nouveau ! Encore, dans la première forme, la revision ne pouvait être prononcée sans les garan-

---

1. *Journal officiel* 1874, page 4051.
2. *Journal officiel* 1874, page 4051.

ties établies par la Constitution de 1848. Mais, ces garanties, on les a effacées, et c'est la revision toute nue que l'on offre au centre droit, pour qu'il puisse à son gré faire et défaire la République.

« Et tout cela, dit-on, pour sortir du provisoire ! Mais le provisoire, c'est précisément ce qui nous est proposé. Ce que l'on prétend fonder, on le détruit. On veut assurer la République, et on la met à la discrétion de ceux qui n'en veulent pas[1]. »

Ces critiques étaient peu raisonnables, et M. Dufaure n'avait nul besoin de plaider les circonstances atténuantes en prétendant « que c'est pour rassurer les consciences, et parce que la République doit faire ses preuves, qu'on a résolu de consacrer le droit de revision[2]. » Non, tout cela n'est pas exact : une constitution n'est jamais que provisoire ; elle est appelée à être modifiée, et c'est pour cela que la porte doit être laissée ouverte devant la revision.

Ce principe fut consacré par l'Assemblée nationale quand elle vota l'urgence demandée par les auteurs du projet déposé par Casimir Périer, le 15 juin 1874. Elle fut votée à la majorité de 345 voix contre 341. Le rapport de la commission

---

1. Louis Blanc, *Histoire de la Constitution* du 25 février 1875, pages 17 et 18.

2. Louis Blanc, *Histoire de la Constitution* du 25 février 1875, page 25.

fut déposé le 15 juillet, et la discussion eut lieu le 23. M. de Ventavon, au nom de la commission des Trente, concluait au rejet : cette commission voyait dans la proposition la suppression du provisoire, l'établissement définitif de la forme républicaine et se refusait à cette solution. L'Assemblée nationale admit ces considérations, et repoussa la proposition Périer par 374 voix contre 333, c'est-à-dire à une majorité de 41, malgré les observations du duc de Broglie, qui avait fait remarquer que, « dans une république, la souveraineté nationale n'est engagée que vis-à-vis d'elle-même ; par conséquent, à tout moment, elle peut revenir sur ce qu'elle a décidé ; à tout moment, on peut lui demander d'y revenir..... Le droit de revision, c'est le principe de la République elle-même [1]. »

Le projet Casimir Périer ainsi que quelques autres amendements repoussés dans la suite ne furent donc pas admis, non à cause de leur rédaction vicieuse, mais parce qu'ils se rattachaient à des projets de constitution dont la tendance politique était désagréable à la majorité des membres de l'assemblée.

Plusieurs mois après, le 21 janvier 1875, fut déposé, au nom de la commission des Trente un nouveau projet de constitution, le

1. *Journal officiel* 1874, **page 5178.**

projet de Ventavon. Cet acte contenait un article
5 qui donnait au maréchal de Mac-Mahon le
droit de provoquer seul la revision, pendant la
durée de sa présidence.

Enfin, le 3 février 1875, M. Paris, toujours
au nom de la commission des Trente, présentait une nouvelle rédaction de l'article relatif à la
revision. Cette nouvelle rédaction était une combinaison de deux amendements présentés, l'un
par M. Dufaure, l'autre par M. Wallon; elle devint dans la suite l'article 8 de la loi du 25 février
1875.

M. Dufaure proposait que le droit de revision
ne pût être exercé avant 1880 ; mais il échoua
sur ce point. « Le besoin d'une revision résulte
le plus souvent de faits importants, se produi-
sant d'une manière imprévue, et démontrant
que tel article, sagement édicté par le législateur, créait tout à coup un danger social, ou du
moins n'était plus en rapport avec une situation
nouvelle [1]. »

La discussion sur la revision fut donc surtout
politique. L'article 8 fut introduit dans la constitution par les monarchistes, qui se réservaient
par là le droit de faire légalement une restauration monarchique. L'article 8, suivant le *Correspondant* [2], aurait même été « la condition *sine*

---

1. *Journal officiel* 1875, page 933.
2. *Correspondant*, quinzaine politique du 25 mai 1876.

qua non du vote qui a sanctionné la constitution : sans cet article, la constitution n'eût été ni adoptée par le centre droit, ni ratifiée par le maréchal de Mac-Mahon, ni acceptée plus tard par la droite modérée. »

Cet article est ainsi conçu :

« Art. 8. — Les Chambres auront le droit, par délibérations séparées, prises dans chacune à la majorité absolue des voix, soit spontanément, soit sur la demande du Président de la République, de déclarer qu'il y a lieu de reviser les lois constitutionnelles. — Après que chacune des deux Chambres aura pris cette résolution, elles se réuniront en Assemblée nationale pour procéder à la revision. — Les délibérations portant revision des lois constitutionnelles en tout ou en partie devront être prises à la majorité absolue des membres composant l'Assemblée nationale. — Toutefois, pendant la durée des pouvoirs conférés par la loi du 20 novembre 1873 à M. le maréchal de Mac-Mahon, cette revision ne peut avoir lieu que sur la proposition du Président de la République. »

§ 1er

INITIATIVE DE LA REVISION

Qui peut demander la revision ? L'article 8 distingue suivant l'époque à laquelle cette demande est faite. Pendant le septennat du maréchal de Mac-Mahon, c'est-à-dire jusqu'en 1880, si le maréchal avait conservé ses pouvoirs jusque-là, la revision ne pouvait être demandée que par le Président de la République. Depuis la démission du maréchal, le droit de provoquer la revision est partagé entre le Président de la République et les deux Chambres: «Les Chambres auront le droit, par délibérations séparées, prises dans chacune à la majorité absolue des voix, soit spontanément, soit sur la demande du Président de la République, de déclarer qu'il y a lieu de reviser les lois constitutionnelles..... Toutefois, pendant la durée des pouvoirs conférés à M. le maréchal de Mac-Mahon, cette revision ne peut avoir lieu que sur la proposition du Président de la République [1]. »

Le projet de Ventavon et l'amendement Wallon confiaient tous les deux l'initiative de la revision au maréchal de Mac-Mahon, pendant la durée de ses fonctions. Mais le projet ne visait pas plus loin que le septennat, tandis que l'amendement organisait définitivement le pouvoir constituant. «A l'expiration du terme fixé par la loi du 20 novembre 1873, comme en cas de vacance du pouvoir présidentiel, le conseil des ministres convoque immédiatement les deux assemblées,

____

1. Article 8, 1° et 4°.

qui, réunies en congrès, statuent sur les résolutions à prendre, disait le projet de Ventavon. — Pendant la durée des pouvoirs confiés au maréchal de Mac-Mahon, la revision des lois constitutionnelles ne peut être faite que sur sa proposition [1]. »

« La revision des lois constitutionnelles aura lieu, sur la demande soit du Président de la République, soit de l'une des deux Chambres, avec cette réserve que, pendant la durée des pouvoirs confiés à M. le maréchal de Mac-Mahon par la loi du 20 novembre, cette revision ne pourra avoir lieu que sur la proposition du Président de la République [2] », disait le projet Wallon.

L'amendement Wallon fut repoussé ; on lui préféra l'amendement Dufaure, qui exigeait en outre la nécessité d'une délibération séparée et d'un vote affirmatif des deux Chambres.

De l'initiative présidentielle avant 1880, nous ne dirons rien, puisque ce temps est passé, si ce n'est que cette partie du texte fut assez violemment critiquée : « Et que pour ce qui est du droit de la revision, disait M. Émile Lenoël, il doit appartenir à la nation et non pas à un homme, puisque ce n'est pas dans l'intérêt d'un homme,

---

1. Article 5. — *Journal officiel* 1875, page 565.
2. *Journal officiel* 1874, page 5185.

mais dans l'intérêt de la nation que le droit de revision a été établi [1].»

Mais laissons cette partie du texte et les critiques qui lui sont faites, puisque ni l'un ni les autres n'ont d'intérêt actuellement, et examinons seulement ce qui subsiste.

L'initiative, avons-nous dit, peut venir soit du Président de la République, soit des Chambres; mais il faut, dans les deux cas, pour que la revision ait lieu, que chacune des deux Chambres déclare qu'il y a lieu d'y procéder. Il faut donc le complet accord des deux Chambres. Il va sans dire que, dans la limite de son pouvoir, par exemple pour la rédaction du projet, le gouvernement jouira des mêmes droits que les membres de l'assemblée. De plus, pense M. Faustin Hélie, les ministres auront le même droit de parole qu'en matière législative [2].»

Ceci n'offre aucune difficulté. Deux points seulement sont controversés : d'abord, en matière d'initiative présidentielle, on se demande si le Président de la République doit déposer le projet de revision simultanément sur le bureau de chacune des Chambres ; peut-il, au contraire, le déposer d'abord sur le bureau de l'une des Chambres à son choix ? La seconde question

1. Louis BLANC, *Histoire de la Constitution du 25 février 1875,* page 64.
2. FAUSTIN HÉLIE, *Constitutions de la France,* page 1426.

controversée est celle de savoir si le projet de revision, quand il est d'initiative parlementaire, doit naître dans chacune des Chambres, ou bien, au contraire, s'il peut être transmis d'une Chambre à l'autre.

Le Président doit-il déposer le projet simultanément aux deux Chambres? En matière législative ordinaire, lorsque le Président use de son droit d'initiative, il saisit en premier lieu, à son gré, le Sénat ou la Chambre des députés ; il n'y a d'exception que pour les projets de lois financières, qui doivent être déposés en premier lieu sur le bureau de la Chambre des députés. Cette manière de procéder est-elle possible en matière constitutionnelle ?

Certains auteurs, MM. Pierre et Poudra notamment, soutiennent que le Président de la République n'est pas libre d'exercer son initiative devant l'une des Chambres à son choix, qu'il est obligé de saisir simultanément les deux Chambres. Ils soutiennent qu'autrement la question de priorité serait difficile à résoudre, et que, si le projet était repoussé par la première assemblée saisie, l'autre ne pourrait pas exprimer son avis ; qu'enfin, dans le cas où le projet serait adopté par la première, son vote influencerait celui de l'autre.

Il y aurait beaucoup à dire sur ces raisons. Il n'y a point en effet de question de priorité à

résoudre, puisque le choix serait laissé au Président ; quant aux deux autres raisons, elles
ne sont pas convaincantes. Qu'importe, en effet,
que l'autre Chambre ne connaisse pas le projet,
puisqu'il est rejeté par la première ? Qu'importe
aussi que le vote de la première Chambre puisse
influencer l'autre, quand en matière législative, pour des lois plus graves que la loi constitutionnelle, cette pression d'une Chambre sur
l'autre est permise ?

C'est pour cela que d'autres auteurs, M. de
La Bigne de Villeneuve par exemple, donnent
au Président de la République les mêmes prérogatives qu'en matière législative, et pensent
qu'il peut agir conformément au droit commun.
Ils font remarquer, avec raison, que rien dans
le texte n'autorise cette exception au droit commun. C'est à cet avis que se rangea Gambetta
quand, en 1882, il présenta d'abord le projet de
revision à la Chambre des députés.

On a soutenu également, en se fondant sur
le mot spontanément, employé dans le premier
alinéa de l'article 8, que le projet de revision,
quand il est d'initiative parlementaire, doit naître dans chacune des Chambres, c'est-à-dire que
chacune d'elles doit être saisie par un ou plusieurs de ses membres. La transmission faite à
l'une des Chambres du projet de résolution voté
par l'autre ne suffirait pas; il n'aurait que la va-

leur d'un avis officieux, ne comportant aucune
suite nécessaire. En matière ordinaire, en effet,
le projet adopté par une Chambre est transmis
par le président de cette Chambre au ministre,
qui doit en faire la présentation à l'autre Chambre dans un délai de trois mois, à moins que,
par une décision spéciale, la Chambre ait déclaré que la transmission aurait lieu d'urgence.
Dans ce cas, le délai de présentation est seulement de trois jours. Dans le cas où le ministre
s'abstiendrait, le président de la Chambre adop-
tante enverrait une expédition authentique à
l'autre président. Voilà comment les choses se passent en matière ordinaire : doit-il
en être de même en matière constitutionnelle ?

MM. Pierre et Poudra se prononcent pour la
négative. Ils s'autorisent de Gambetta, et s'ap-
puient sur le mot «spontanément» employé par le
texte de l'article 8. « Un examen attentif du premier paragraphe de l'article 8, disent-ils, fit
penser à M. le président Gambetta que la transmission des résolutions qui ont pour but la revision de la constitution ne peut ni s'opérer
dans la même forme, ni avoir le même résultat
que la transmission de propositions ordinaires.
En effet, le premier paragraphe de l'article 8 sti-
pule que les délibérations prises séparément
dans chaque Chambre pour déclarer l'utilité de
reviser les lois constitutionnelles, peuvent avoir

lieu, soit spontanément, soit sur la demande du Président de la République. De ces deux alternatives, il ressort que, dans le cas où l'initiative naît de l'initiative parlementaire, elle doit naître spontanément dans chaque Chambre, et que la résolution votée en premier lieu par l'une des assemblées ne saisit pas l'autre assemblée, laquelle ne peut agiter la question tant qu'une proposition n'a pas été déposée sur son propre bureau [1]. »

Il est bien certain que les termes employés ne sont pas clairs ; aussi, l'opinion précédente est soutenable. Il nous semble cependant que cette exigence serait tout à fait inexplicable, et ne nous paraît point résulter de l'expression dont la loi s'est servie. Aussi, pour certains auteurs, M. de la Bigne de Villeneuve notamment, cette expression n'a d'autre but que d'attribuer l'initiative de la revision aux Chambres comme au Président de la République. Cet avis est d'ailleurs le plus simple, étant donnée l'obscurité du texte : c'est sans doute à cause de cette simplicité même qu'il n'a pas été suivi en pratique.

La pratique veut, en effet, que chaque Chambre soit saisie par un de ses membres. C'est ce qui s'est passé en 1879, où, après adoption du

.

1. Pierre et Poudra, *Traité de la pratique du droit parlementaire*, page 3.

projet par la Chambre des députés, Gambetta, le président de cette assemblée,l'envoya par lettre au président du Sénat.Ce dernier lut la communication à l'assemblée qu'il présidait, en déclarant toutefois que cette communication n'était faite qu'à titre de renseignement et non pour la saisir. C'est alors seulement que plusieurs sénateurs se saisirent du projet, le firent leur,et le déposèrent sur le bureau.

Si on admet que le Président de la République peut saisir indifféremment l'une ou l'autre des Chambres,la première ou les deux en même temps, si les auteurs de la constitution ont voulu aussi qu'on suivît le droit commun quand l'initiative vient des Chambres, on reconnaîtra que notre constitution actuelle est bien plus libérale que ses devancières de 1791, de l'an III et de 1848. Elle facilite la revision autant que possible en supprimant toutes les entraves, majorité spéciale, renouvellement des délibérations à de longs intervalles, que les autres constitutions s'étaient plu à accumuler afin de rendre le droit de revision absolument illusoire; elle rend même la réforme constitutionnelle relativement facile en permettant l'initiative à toute époque, en se contentant de la majorité ordinaire, et en ne conservant que la garantie d'une sconde chambre. Plus parfaite que celles-là est-elle encore en partageant l'initiative constitutionnelle entre les deux pouvoirs. Le gouvernement est aussi bien à même de sentir les besoins de la nation en matière constitutionnelle qu'en matière législative.

§ 2

PROCÉDURE DE LA REVISION

Quand les Chambres sont tombées d'accord sur l'opportunité de la revision, elles se réunissent pour former le Congrès. « Après que chacune de deux Chambres aura pris cette résolution, elles se réuniront en assemblée nationale pour procéder à la revision [1]. » L'Assemblée nationale se réunit à Versailles.

L'idée de confier la revision aux assemblées législatives est venue aux auteurs de la constitution par cette raison qu'ils crurent tout d'abord ne faire qu'une loi provisoire, qu'organiser le septennat. Dans cette pensée, il leur sembla que les Chambres alors existantes se trouveraient dans la même situation dans laquelle ils s'étaient trouvés en 1871 ; qu'étant la seule représentation nationale en fonction, elles avaient le droit d'aviser aux mesures à prendre

---

1. Loi du 25 février 1875, article 8-2°.

pour obvier à l'anarchie, résultat fatal de l'absence d'organisation politique. C'est dans cette pensée que fut déposée, le 15 juin 1874, la proposition de M. Lambert de Sainte-Croix, ainsi conçue : « § 4. — A l'expiration des pouvoirs du Président de la République, les deux Chambres réunies en congrès national désigneront le successeur du maréchal de Mac-Mahon, ou statueront sur la revision totale ou partielle des lois constitutionnelles dans les formes déterminées par lesdites lois [1]. »

Ce système fut adopté par le projet de Ventavon (21 janvier 1875). Comme les constituants de 1791, les auteurs de ce projet craignirent que la réunion d'une assemblée constituante n'entraînât à l'émeute et à la révolution, et, comme eux, s'arrêtèrent à une solution mixte qui, songeaient-ils, devait satisfaire tous les partis. M. de Ventavon nous dit en effet, dans son rapport, que, si la commission a repoussé le système de la revision par une constituante, c'est parce que « le Sénat et la Chambre des députés, obligés de se disperser prochainement devant une assemblée constituante, seraient sans crédit, et la paix publique pourrait être compromise [2]. » Si nous donnons au pays, continue M. de Ven-

---

1. *Journal officiel* 1874, page 4051.
2. *Journal officiel* 1874, page 4255.

tavon, la possibilité, à l'expiration du terme, de garder ou de changer le régime actuel sans révolution et sans secousse, nous aurons fait tout ce que la prudence nous permet, tout ce que le patriotisme commande. » — « Que l'avenir soit pleinement réservé, ajoutait-il encore dans la séance du 21 janvier 1875 ; que chacun garde ses espérances et sa foi, mais que chacun descende en ce moment sur le terrain neutre des pouvoirs du maréchal..... La prudence la plus vulgaire exige qu'on prenne des mesures propres à empêcher le pays, l'échéance venue, de tomber dans l'anarchie [1]. »

Ces raisons ne semblèrent pas péremptoires à beaucoup ; la solution consistant à transformer les deux Chambres législatives en assemblée nationale ne satisfit pas du tout les partisans de l'assemblée constituante spéciale. Aussi eut-on à repousser plusieurs amendements qui cherchaient à obtenir ce résultat, notamment un amendement de M. Naquet, ainsi conçu : « Article 3. — Les modifications à la présente loi constitutionnelle ne peuvent être faites que par une assemblée de revision convoquée spécialement à cet effet. Elles doivent, avant d'être promulguées, être soumises, par oui ou par non, à la ratification directe du suf-

---

1. *Journal officiel* 1875, page 566.

frage universel [1]. » M. Naquet demandait une assemblée spéciale « parce qu'une constitution est la garantie des gouvernés contre le gouvernement, et que, si une assemblée, même élue pour un temps très court, avait le droit de faire une loi sur laquelle il serait ensuite impossible au suffrage universel de revenir, la sécurité des gouvernés ne serait pas garantie [2]. »

Ces raisons n'influencèrent pas la majorité de l'assemblée ; elle s'en tint au système préconisé par le projet de Ventavon, et l'inscrivit dans la constitution Wallon.

Une question fut laissée dans l'ombre par l'Assemblée nationale: c'est celle de savoir à quel pouvoir ou à quelle autorité appartient la convocation du Congrès. Le texte est muet sur ce point; aussi, toutes les opinions sont permises, et il n'y a pas de raison pour préférer un système à un autre. Certains, avec M. Aumaître [3], donnent cette prérogative au Président de la République; d'autres, et c'est cette opinion qui est suivie en pratique, donnent le droit de convocation au président du Sénat.

Le Congrès se réunit donc au jour fixé par le président du Sénat, à Versailles, dans l'ancienne salle de la Chambre des députés. Ce lieu de rési-

1. *Journal officiel* 1875, page 766.
2. *Journal officiel*, 1875, page 768.
3. AUMAITRE, *Manuel de droit constitutionnel*, page 60.

dence fut conservé par la loi du 22 juillet 1879[1], qui
n'a d'ailleurs pas le caractère constitutionnel, et
n'est qu'une loi ordinaire.

Les projets sont renvoyés aux bureaux du
Congrès, et une commission est nommée.
L'urgence peut être déclarée.

Nous avons vu plus haut que l'article 8 en-
travait l'initiative de la revision en exigeant le
complet accord des Chambres; il en entrave
encore l'accomplissement en exigeant une majorité spéciale. Il est vrai que cette majorité
spéciale ne résulte pas du texte même, mais de
l'interprétation qui lui a été donnée. D'après
le texte, en effet, les décisions doivent être
prises à la majorité absolue, c'est-à-dire la majorité ordinaire : « Les délibérations portant revision des lois constitutionnelles, en tout ou en partie, devront être prises à la majorité absolue des
membres composant l'assemblée nationale[2]. » Ce
n'était pas très clair; aussi s'est-on demandé de
quel nombre il fallait obtenir la majorité. Certains pensèrent que cette majorité devait se cal-
culer d'après le chiffre des représentants sié-
geant à l'assemblée nationale. Les Congrès de
1879 et 1884 ont cependant donné une interprétation différente, et calculèrent la majorité

d'après le nombre des sièges de députés et de sénateurs.

Cette interprétation, qui n'est que l'application littérale du texte, a un bon côté, et n'est pas très critiquable en présence de l'absence d'une seconde Chambre. Il est peut-être plus expéditif de n'avoir qu'une seule Chambre, en matière constitutionnelle ; mais cet avantage est largement compensé par les dangers ordinaires d'une assemblée unique et sans frein, et en outre par un péril spécial à la Constitution de 1875. Le Sénat est en minorité quand le Congrès est réuni ; il risque d'être écrasé, ce qui serait regrettable. Ce danger fut prévu et souligné, au moment de la discussion du projet Wallon, par un des députés, M. Raudot. Le 24 février 1875, en effet, M. Raudot demandait que le nombre des membres de la Chambre des députés fût égal à celui du Sénat. Sans cette parité, disait-il, la loi électorale pourra à sa volonté détruire l'influence du Sénat et, en augmentant le nombre des députés, absorber le Sénat dans le Congrès : par là, on annulerait dans une partie capitale la constitution, et l'on détruirait toute l'économie du système adopté, qui est un système de pondération et de contre-poids. Cet amendement fut d'ailleurs repoussé.

La majorité spéciale, voulue par les Congrès de 1879 et de 1884, corrige donc en partie ce que le Sénat perd en influence. L'article 8 donne encore à cette assemblée une nouvelle garantie en exigeant l'accord préalable des deux Chambres, et en imposant le bureau du Sénat au Congrès. Ces deux mesures ont une grande importance. Puisqu'il en est ainsi, jamais d'abord, le Sénat ne consentira à la réunion d'une assemblée nationale que s'il y a eu une transaction antérieure entre les deux Chambres législatives : le Congrès n'aurait plus alors qu'à enregistrer les modifications préalablement décidées par le vote et l'accord du Sénat et de la Chambre. Il est visible, en effet, qu'en décidant que chacune des Chambres devra consentir à la revision, on a voulu protéger ainsi le Sénat, et empêcher toute revision que sa majorité n'aurait pas acceptée d'avance. Malheureusement, on ne peut répondre des faits : une question peut être soulevée incidemment pendant la réunion du Congrès, et cela est arrivé déjà. C'est alors que la majorité du Sénat trouve une protection dans la seconde mesure prise par la Constitution. Si la majorité sénatoriale n'est pas favorable à la question incidemment soulevée, cette majorité trouve une sauvegarde dans le retrait du bureau du Sénat, qui est en même temps le bureau du Congrès. Le Congrès ne peut plus alors délibérer, puisqu'il n'a plus de bureau, et qu'il n'a pas le droit d'en élire un.

§ 3

POUVOIRS DU CONGRÈS

Nous venons de voir que l'Assemblée nationale ne sera guère réunie que dans les cas où les deux Chambres seront tombées d'accord auparavant sur le projet de revision qui lui sera soumis.

Ceci nous amène tout naturellement à nous demander quels sont les pouvoirs du Congrès. Autrement dit, l'Assemblée nationale, une fois réunie, est-elle souveraine ? ou bien, au contraire, les Chambres ont-elles le droit de limiter ses pouvoirs ? La question doit d'ailleurs se diviser : l'Assemblée nationale a-t-elle la plénitude du pouvoir constituant ? Jouit-elle en outre du pouvoir législatif ? C'est là la question de la compétence, question qui fut envisagée par la plupart des constitutions antérieures qui organisèrent la revision, mais qui n'est même pas effleurée par la Constitution de 1875.

Examinons d'abord les pouvoirs que peut avoir l'Assemblée nationale en matière constitutionnelle. Il nous faut envisager deux hypothèses, suivant que les résolutions des Cham-

bres autorisant la convocation du Congrès
portaient seulement: « Il y a lieu à revision »,
ou bien, au contraire, si ces mêmes résolutions
fixaient, dans une formule spéciale, les points
de la Constitution qui devaient être revisés.

Première hypothèse. — Les résolutions des
Chambres autorisant la convocation du Congrès portent seulement: « Il y a lieu à revision. »

Cette formule générale permet au Congrès
de faire porter la revision sur l'ensemble de la
Constitution, sauf sur un point, la forme du gouvernement, comme nous allons le voir.

Lors du vote de la loi du 25 février 1875,
certains membres de l'Assemblée nationale de-
mandèrent qu'on leur donnât acte que les lois
garantissaient la revision totale et absolue. Cette
demande était ridicule, pensent MM. Alphonse
Bard et Paul Robiquet[1]. L'interdiction de la
revision totale, croient ces auteurs, serait une
contradiction avec la forme républicaine donnée
au gouvernement; car cette clause est l'une des
plus républicaines, elle qui assure l'indépendance politique de la nation. La reconnaissance
du droit de revision totale, continuent-ils, est
l'indice d'une démocratie très développée. Ils

1. A. BARD et P. ROBIQUET, *La Constitution française dans ses rapports avec les constitutions étrangères* (1878), page 376.

faisaient remarquer, en effet, que cette interdiction se comprend seulement sous un régime monarchique, parce que la plupart des constitutions qui organisent ce régime forment des pactes entre la nation et le souverain, ou bien sont des concessions de ce dernier. Elles engagent toutes l'avenir.

Les auteurs de la Constitution de 1875 avaient eu, eux aussi, en vue la revision totale quand ils votèrent l'article 8. L'examen des débats nous édifie à cet égard. On peut même dire que c'est surtout la revision totale qu'ils eurent en vue. En effet, M. Czésanne disait le 15 juin 1874, qu'au moyen de la revision, la France aurait une issue légale pour sortir de la République[1]. « Nous entendons formellement, ajoutait M. Paris, que toutes les lois constitutionnelles dans leur ensemble pourront être modifiées, que la forme même du gouvernement pourra être l'objet d'une revision : il ne peut, il ne doit y avoir à cet égard aucune équivoque[2]. »

Cette thèse pouvait être soutenue jusqu'en 1884 ; mais, depuis ce moment, elle n'est plus vraie. Il a été, en effet, formellement voté au Congrès de 1884 qu'en aucune hypothèse, l'Assemblée nationale n'avait le droit de remet-

1. Louis BLANC, *Histoire de la Constitution du 25 février 1875*, page 26.
2. *Journal officiel 1875*, page 934

tre en question la forme républicaine du gouvernement. Ce régime est définitif ; il ne peut même pas faire l'objet d'une proposition de revision. « La forme républicaine du gouvernement, dit la loi du 14 août 1884, ne peut faire l'objet d'une proposition de revision [1]. »

Dans l'hypothèse qui nous occupe, le Congrès peut donc, encore aujourd'hui, en présence d'une formule vague, comme « il y a lieu de reviser », changer la constitution en entier, sauf à conserver la forme républicaine du gouvernement, bien que, s'il s'avisait de la changer, aucun pouvoir supérieur régulier ne pût l'en empêcher.

La revision totale n'est donc plus permise par notre Constitution.

Seconde hypothèse. — La résolution des Chambres portent: « Il y a lieu de reviser tels ou tels points de la Constitution. » En présence de cette formule restrictive, le Congrès, s'est-on demandé, est-il tenu de se limiter? Est-il lié par cette formule?

Le doute est permis, la compétence du Congrès ne semblant pas avoir été prévue par les auteurs de la loi du 25 février 1875. Aussi, promptement deux opinions se sont formées.

Les uns veulent, en effet, que la décision des

<hr>

1. Loi du 14 août 1884, article 2-2°.

Chambres limitative de la revision lie le Congrès. Les partisans de cette opinion raisonnent de la manière suivante: ce sont les Chambres qui donnent l'existence à l'Assemblée nationale; par conséquent, elles peuvent lui poser des conditions. Si le Congrès d'ailleurs peut faire une revision totale, on hésitera à le convoquer : le Sénat ne voudra jamais d'une revision illimitée. Le texte de l'article 8 n'est pas suffisant pour trancher la discussion, ajoutent-ils; il faut donc s'en rapporter aux principes généraux. Le Congrès ne peut agir qu'en vertu d'un mandat des Chambres, mandat qui peut être spécial ou général; or, comme tout mandataire, le Congrès ne peut avoir d'autres pouvoirs que ceux qu'il tient de son mandant.

Cette opinion fut soutenue par Gambetta. Il est vrai qu'il imaginait cette théorie de Congrès mandataire des Chambres pour faire échec au système projeté, étant partisan, non d'un Congrès des deux Chambres, mais d'une assemblée constituante nommée exprès pour la revision. L'opinion de Gambetta fut reprise par M. Méline quand, rapporteur pour la seconde fois à la Chambre des députés, il prétendait, le 22 mars 1879, que, « puisqu'il fallait le consentement des deux Chambres pour la réunion du Congrès, la revision ne peut s'opérer que dans la mesure où ce consentement a été donné ».

Au Sénat, M. de Laboulaye était du même avis.

Disons tout de suite que c'est cette opinion qui est généralement admise aujourd'hui.

L'opinion contraire a cependant été soutenue et l'est encore aujourd'hui. Il n'est écrit nulle part, dit-on, que le Congrès, une fois réuni, n'est point maître d'étendre l'objet de ses délibérations. L'Assemblée nationale est maîtresse de son ordre du jour; elle est souveraine, car le législateur n'a rien dit sur sa compétence. L'article 8, en effet, ne semble donner aux Chambres que le seul droit de voter la revision. « Les Chambres, dit-il en effet, auront le droit..... de déclarer qu'il y a lieu de reviser les lois constitutionnelles. De plus, ajoute-t-on, les pouvoirs constitués ne doivent pas pouvoir restreindre les droits du pouvoir constituant. Il serait ridicule qu'il en fût autrement, puisqu'ils lui sont inférieurs.

Cette opinion est certainement plus juridique que la précédente. Des travaux préparatoires de la Constitution, il ressort en effet, comme nous l'avons dit plus haut, qu'on songeait surtout à une compétence illimitée. Les constituants voulaient laisser la porte ouverte à une restauration monarchique: c'est ce que font valoir les partisans de ce système, M. le président Laferrière, M. Baragnon, par exemple.

13

M. Laferrière, dans une brochure, dit en effet que la disposition de l'article 8 donnait au Congrès un droit de revision illimité à l'expiration du septennat, parce qu'à partir de cette époque, le Congrès ne devait tenir que de lui-même son droit de revision.

« Lorsque les deux Chambres, réunies après leur première délibération particulière, si je puis parler ainsi, disait M. Baragnon à l'Assemblée nationale, forment l'Assemblée nationale chargée de statuer sur la revision elle-même *partielle ou totale*, comme il vient d'être clairement expliqué [1]..... »

Pour ces hommes politiques et pour d'autres, le Congrès est une assemblée souveraine, et c'est à ce titre qu'ils lui donnent des pouvoirs illimités. D'ailleurs, le Congrès, en violant l'engagement pris entre les Chambres, ne viole pas la constitution. Au surplus pourrait-on l'empêcher de se livrer à une revision générale? M. Méline prétendait, en 1879, que le Président de la République pourrait refuser sa sanction. Mais cette garantie est illusoire : le Président de la République n'est pas gardien de la constitution; il ne peut même pas faire appel au peuple.

Si de la théorie nous passons à la pratique,

---

1. Cité par J. Bozérian, *Étude sur la revision de la Constitution de 1875*, page 61.

nous nous apercevons qu'il n'y a aucun ensei-
gnement à en tirer. Le 19 juin 1879, le Congrès
ne s'occupa que de ce pour quoi il avait été
réuni. Comme en 1879, en 1881, le programme
du Congrès fut tracé à l'avance ; malgré cette
limitation, le Congrès n'en admit pas moins un
amendement relatif aux princes prétendants.
En 1882 enfin, la Chambre vota une revision
illimitée ; mais elle n'eut pas lieu, devant la résistance du Sénat.

Malgré cette absence de précédents décisifs,
il est à peu près généralement admis aujour-
d'hui, comme nous venons de le voir précédemment, que les pouvoirs du Congrès peuvent être
limités par les Chambres à des points fixés. S'il
en était autrement, pense-t-on, le Sénat hési-
terait à voter la revision : celle-ci deviendrait
trop difficile, ce qui est un mal ; la Constitution
de 1875 deviendrait trop rigide, et sa revision pa-
raîtrait une chose trop grave. Le Congrès n'a
donc qu'à s'incliner devant les Chambres, si
elles sont d'accord. Si de nouveaux projets de revision naissent pendant la réunion du Congrès,
celui-ci doit se séparer, afin de permettre
aux Chambres de les voter séparément.
Si le Congrès voulait sortir des limites qui lui
ont été assignées par la double résolution des
Chambres, on pourrait l'en empêcher par l'une
des mesures suivantes : le président de l'assem-

blée pourrait, soit poser la question préalable, soit refuser d'ouvrir la discussion ; la majorité du Sénat pourrait se retirer, empêchant ainsi le quorum nécessaire ; les membres du bureau pourraient le quitter ; alors l'Assemblée serait dans l'impossibilité de discuter, puisqu'elle n'a pas le droit de choisir son bureau ; enfin, le Président de la République pourrait dissoudre la Chambre des députés, avec l'assentiment du Sénat. Aucun texte, en effet, n'interdit la dissolution pendant le réunion du Congrès.

*
* *

Le Congrès n'a donc point, au moins suivant l'opinion la plus répandue, de pouvoirs illimités en matière constitutionnelle ; il ne jouit pas non plus du pouvoir législatif. Pour qu'il en fût investi, il faudrait un texte ; or, aucun texte ne lui donne cette prérogative. Le Congrès de 1884 a donc excédé ses pouvoirs en conservant aux articles 1 à 7 de la loi du 24 février le caractère législatif ; il devait les supprimer purement et simplement. Si, pendant la durée du Congrès, le gouvernement avait besoin d'un acte législatif, il devrait l'inviter à suspendre sa session pour permettre aux deux Chambres de se séparer pour parer aux affaires urgentes. Remarquons, d'ailleurs, que la responsabilité ministérielle n'existe pas devant le Congrès.

§ 4.

CONCLUSION

Les dispositions que nous venons d'examiner sont les seules que contienne la Constitution de 1875. On peut ajouter, quoique la loi
de 1875 ne le dise pas, que l'interprétation de la
constitution appartient au Congrès. Le droit d'interprétation peut d'ailleurs, à juste titre, être
considéré comme la même chose que la revision.
Enfin, les pouvoirs constitués continuent d'exister tant qu'ils ne sont pas modifiés. Cette question a pourtant été discutée.

Il n'y a pas non plus de seconde délibération de prescrite, ni de délai pour la promulgation de la loi de revision. M. Roudot chercha
cependant à faire admettre cette garantie : « Les
ministres auront le droit de prendre part aux
délibérations du Congrès, disait le projet d'amendement déposé par ce député. Après le vote définitif le Président de la République aura le
droit, pendant un mois, de présenter à l'Assemblée des demandes de modifications de tout ou
partie de la constitution revisée. — L'Assemblée devra délibérer de nouveau. Quelles que
soient ensuite les décisions, la constitution

nouvelle sera promulguée dans le mois [1] » Cet amendement fut repoussé.

La revision est alors parfaite par le seul vote du Congrès à la majorité prescrite. On peut donc reviser aujourd'hui la Constitution française sans avoir besoin de recourir à une intervention quelconque du peuple. La ratification populaire fut pourtant demandée au cours des débats sur la constitution. Un amendement de Raoul Duval, déposé dans la séance du 23 février 1875, demandant que la loi constitutionnelle en discussion, comme toutes les autres dispositions d'ordre constitutionnel, ne fût exécutoire qu'après avoir été ratifiée par le suffrage universel, ne fut pas pris en considération ; il fut rejeté sans débat[2].

Ajoutons que seul le Congrès, appelé suivant les règles que nous venons d'exposer, a le droit de se prononcer sur une demande de revision. Il a pourtant été prétendu que l'Assemblée nationale, réunie pour la nomination d'un Président de la République, pouvait se prononcer légitimement sur la constitution.

La loi du 25 février 1875 ne nous paraît pas cependant le permettre. Elle exige que l'Assemblée nationale, convoquée pour l'élection d'un

---

1. *Journal officiel* 1875, page 1444.

2 Louis BLANC, *Histoire de la Constitution du 25 février 1875*, page 186.

Président de la République, ne se prolonge pas plus longtemps que ne l'exige la formalité de l'élection présidentielle. L'article 7 de cette loi dit en effet : « En cas de vacance par décès ou par toute autre cause, les deux Chambres réunies procèdent immédiatement à l'élection d'un nouveau président. » Nous ferons remarquer, en outre, que la Constitution a créé une garantie spéciale en exigeant une double déclaration des Chambres sur le projet de revision. Cette garantie s'évanouit, si l'Assemblée nationale, réunie pour un autre objet, peut prendre l'initiative de modifications constitutionnelles. A cette objection, on nous répond, il est vrai, que la nécessité de délibérations séparées a pour objet de prévenir des entreprises téméraires contre la stabilité des institutions, danger qui serait peu à craindre s'il ne se produisait qu'aux longs intervalles que comporte le pouvoir présidentiel. Il semble encore indispensable à certains, il leur paraît légitime que, au moment où la nation aliène pour un certain nombre d'années et d'une manière incommutable en principe, l'exercice du pouvoir exécutif, elle subordonne cette aliénation temporaire aux conditions imposées par les circonstances.

Malgré tout, ceux qui raisonnent ainsi, M. J. Bozérian [1] par exemple, qui cite, parmi les pré-

1. J. Bozérian, *Étude sur la revision de la Constitution de 1875.* p. 37.

cédents de revision, la réunion du Congrès le
30 janvier 1879 pour la nomination d'un Président de la République, en remplacement du
maréchal de Mac-Mahon, ceux-là, disons-nous,
nous paraissent faire une confusion entre les
deux congrès, entre le congrès constituant et le
congrès électoral. Ce dernier n'est pas, comme
le disent improprement MM. Bard et Robiquet,
« la représentation constituante du pays légalement formée, rassemblant en elle tous les pouvoirs, et devant qui le conseil des ministres investi du pouvoir exécutif est responsable et est
étroitement subordonné [1]. » Non, cette assemblée ne personnifie pas absolument la souveraineté de la nation : c'est simplement une assemblée électorale qui n'a de pouvoirs que pour
l'élection du président, et qui violerait la Constitution si elle s'occupait d'autre chose.

*
* *

Il résulte de l'existence du pouvoir constituant, en France, que les pouvoirs constitués ne
sont pas souverains, et ne peuvent prononcer
sur leur existence.

Il faut remarquer cependant que, comme en
1791, la distinction entre les deux pouvoirs législatif et constituant n'est pas absolument

1. A. BARD et P. ROBIQUET, *La Constituteon française dans ses rapports avec les constitutions étrangères*, page 389.

tranchée, puisque le Congrès est formé des membres du parlement. Cette réunion des deux Chambres, faites pour être ordinairement séparées, est un système bizarre, une combinaison qui n'existe nulle part ailleurs. Il semble que, si on voulait faire l'économie d'une élection, il eût été plus simple de confier la revision au pouvoir législatif ordinaire. La procédure législative était amplement suffisante, et on aurait eu l'avantage du contrôle d'une seconde Chambre. Tout au plus, on aurait pu exiger pour les lois constitutionnelles une majorité spéciale. Dans le système généralement admis actuellement, on en arrive à ce résultat : il y aura forcément transaction entre le Sénat et la Chambre, et le congrès sera un congrès d'enregistrement ou il ne sera pas. Dès lors, il devient inutile : c'est sans doute pour y avoir recours le moins possible qu'on constate aujourd'hui une tendance à déconstitutionnaliser les lois.

§ 5

REVISIONS DE LA CONSTITUTION FAITES EN APPLICATION
DE L'ARTICLE 8

Le système de revision organisé par la Constitution de 1875, malgré ses défauts, est pra-

tique. Aussi, contrairement aux autres constitutions républicaines qui ont régi notre pays,
la Constitution de 1875 a déjà pu être revisée
deux fois.

La première fois, le Congrès se réunit le
19 juin 1879, et abrogea l'article 9 de la loi du
25 février 1875, qui fixait à Versailles le siège
des pouvoirs publics. En conséquence, une loi
ordinaire, la loi du 22 juillet de la même année,
transféra le siège du pouvoir exécutif et des
Chambres de Versailles à Paris.

Le 15 mars 1881, une proposition de revision
générale fut déposée par MM. Barodet, Louis
Blanc et 72 autres députés. Cette proposition,
qui visait surtout le Sénat, fut ajournée les 30
et 31 mai.

Le 14 janvier 1882, nouveau projet déposé par
Gambetta, qui proposait la modification d'un
grand nombre d'articles des lois constitutionnelles, et donnait même au Congrès un pouvoir
de revision illimité. Ce projet fut aussi rejeté.

Enfin, le 14 août 1884, sur l'initiative de
M. Jules Ferry, de nouvelles dispositions furent
introduites dans le pacte national. La loi du
14 août 1884 modifiait le § 2 de l'article 6 de la
loi constitutionnelle du 25 février, relatif à la
réunion des collèges électoraux en cas de dissolution anticipée de la Chambre ; elle complé-
tait le § 8 de la même loi en décidant que la

forme républicaine du gouvernement ne peut faire l'objet d'une proposition de revision, et que les membres des familles ayant régné sur la France sont inéligibles à la présidence de la République. Enfin, elle enlevait le caractère constitutionnel aux articles 1 à 7 de la loi constitutionnelle du 24 février 1875, et abrogeait le § 3 de l'article 1ᵉʳ de la loi constitutionnelle du 16 juillet 1875.

En interdisant de nommer à la présidence de la République les membres des familles ayant régné en France, l'assemblée de 1884 prenait une précaution dictée par l'expérience de 1848. Quant au paragraphe portant interdiction de reviser la forme républicaine du gouvernement, il n'est pas destiné à proclamer l'éternité de la République, mais à déraciner de l'esprit des citoyens cette idée d'après laquelle la République ne serait qu'un pis aller, un gouvernement provisoire en attendant mieux. M. Gabriel Arnoult ne croit pas, d'ailleurs, qu'on puisse arriver à remettre en question la forme républicaine en proposant la revision du paragraphe de la loi de 1884 qui interdit la revision de la forme du gouvernement. Il croit que cette opinion est contraire au texte même et à l'esprit du nouveau paragraphe. Désormais, la République ne pourrait plus être renversée que par une révolution [1].

1. Cabriel ARNOULT, *De la Revision des constitutions*, page 402.

Depuis 1884, il n'y a pas d'année où des projets de revision ne soient discutés, au moins devant l'opinion publique. Tous, ils visent le Sénat : les uns cherchent à le supprimer pour revenir à la Chambre unique ; les autres lui enlèvent la plupart de ses prérogatives, et le transforment en une seconde édition de la Chambre des députés. C'est justement cette hostilité envers le Sénat qui les fait tous avorter : il serait bizarre, en effet, que le Sénat signât lui-même sa suppression.

CHAPITRE XII

La plupart des constitutions étrangères prévoient leur revision. Seules de toutes celles que nous avons examinées, les constitutions britannique, hongroise, italienne et espagnole sont muettes à ce sujet. Il faut en conclure qu'à l'exemple des chartes françaises de 1814 et de 1830, ces constitutions ne considèrent pas la loi constitutionnelle comme une loi d'une autre essence que les lois ordinaires, etqu'elles jugent la simple procédure législative amplement suffisante pour les unes et pour les autres.

De ces quatre constitutions, deux sont presque entièrement coutumières, la britannique et la hongroise; les deux autres sont écrites. Aussi, des deux premières, on ne peut pas dire qu'il y ait jamais eu de modification constitutionnelle. Le statut fondamental du royaume de Sardaigne, octroyé par le roi Albert le 4 mars 1848, qui régit aujourd'hui tout le royaume d'Italie, ne fut jamais modifié: il n'y a même jamais eu encore aucune proposition de revision. Enfin, la constitution espagnole du 30 juin

1876, n'a vu qu'un projet de modification, qui fut soumis au Cortès en 1882 et repoussé à une forte majorité.

Si maintenant, laissant de côté les constitutions qui ne prévoient pas leur revision, nous passons à l'examen de celles qui l'organisent, nous constatons qu'il faut les ranger en deux groupes. Au premier groupe appartiennent toutes les constitutions qui traitent la loi constitutionnelle comme une loi ordinaire, et qui confient sa revision au pouvoir législatif, mais l'entourent seulement de quelques formalités destinées à garantir la stabilité de la constitution. Le second groupe comprend les constitutions qui considèrent les lois constitutionnelles comme des lois supérieures aux autres lois, et qui, en conséquence, prescrivent une procédure tout à fait spéciale.

PREMIER GROUPE

Constitutions qui confient la revision au pouvoir législatif

Parmi les formalités destinées à garantir quelque peu la stabilité de la constitution, nous trouvons d'abord la nécessité de la dissolution des Chambres qui ont voté la prise en considération de la proposition de revision, afin de faire faire celle-ci par des Chambres nouvelles. Ce système est suivi par les pays suivants : le royaume de Danemark, l'île d'Islande, les royaumes de Belgique, des Pays-Bas, de Roumanie, du Portugal, le grand-duché de Luxembourg. Les cinq derniers exigent en outre des majorités spéciales, et la présence obligatoire d'un certain nombre des membres composant les Chambres législatives.

Les constitutions danoise du 5 juin 1849 et islandaise du 5 janvier 1874 décident en effet que, si les Chambres adoptent un projet de revision, il est procédé à des élections générales. Le nouveau parlement, avec le roi, peut adopter la revision en la forme ordinaire [1].

La constitution belge du 7 février 1831, article 131, prescrit la dissolution des Chambres qui ont déclaré qu'il y avait lieu à la revision. Ce sont les nouvelles Chambres qui statuent d'accord avec le roi ; il faut la majorité des deux tiers des suffrages et la présence des deux tiers des membres qui composent chaque Chambre.

La constitution des Pays-Bas du 11 octobre 1848, article 195, suit le système belge, sauf le quorum qui n'est pas indiqué.

Quant à la constitution roumaine des 30 juin-

---

1. Article 61 constitution islandaise,— article 95 constitution danoise

12 juillet 1866, son article 129 ne se contente pas de prescrire la dissolution des Chambres en exercice, la présence des deux tiers des membres composant les Chambres nouvelles et la majorité des deux tiers des membres présents ; elle veut, en outre, trois délibérations successives à quinze jours d'intervalle du projet de vœu constitutionnel.

Au Luxembourg, on suit absolument le système belge, sauf que le quorum de membres présents est des 3/4, au lieu de 2/3 comme en Belgique [1].

Au Portugal, la revision est déclarée par la Chambre des députés à la majorité des deux tiers. La proposition doit être approuvée trois fois à six jours d'intervalle. Une loi, sanctionnée par le chef de l'État, ordonne aux électeurs de donner un mandat constituant aux députés de la prochaine législature, qui devra adopter ou rejeter la revision dans la forme requise pour la confection des lois [2].

Enfin, la constitution de l'empire allemand, celles des royaumes de Prusse, de Bavière, du grand-duché de Bade, de la ville de Hambourg, du royaume de Suède, de l'empire d'Autriche, du royaume de Norvège, de la république

---

1. Constitution du 7 octobre 1868, article 114.
2. Constitution du 29 avril 1826, articles 140-143.

d'Orange, confient la revision aux Chambres en exercice, se contentant seulement de leur imposer, soit des majorités spéciales, soit plusieurs délibérations sur le même sujet.

La constitution allemande du 16 avril 1871, article 78, porte que les modifications à la constitution ont lieu sous forme de loi, sauf qu'il suffit, pour le rejet du projet, de 14 voix sur 58 dans le sein du Conseil fédéral.

En Prusse, la constitution du 31 mai 1850 peut être modifiée par la voie législative ordinaire. A cet égard, il suffit dans chaque Chambre de la majorité absolue, obtenue dans deux scrutins successifs, à 21 jours au moins d'intervalle. (Art. 107.)

En Bavière, l'initiative appartenait autrefois au roi seul : ainsi le voulait l'article 7 du titre x de la constitution du 26 mai 1818. Mais, depuis 1840, le Landtag possède cette initiative pour certaines questions déterminées. Pour qu'une décision soit valable, il faut en outre, dans chaque Chambre, la présence des trois quarts des membres et une majorité des deux tiers.

De même en Saxe, constitution du 4 septembre 1831, article 152, il faut l'accord des deux Chambres, la présence des trois quarts du nombre légal des membres et une majorité des trois quarts des membres présents.

Dans le grand-duché de Bade, la constitu-

tion du 22 août 1818, article 64, exige le consentement des deux tiers des membres présents
dans chacune des Chambres et la présence des
trois quarts.

A Hambourg, suivant l'article 101 de la
constitution du 13 octobre 1879, il faut deux
lois votées à vingt et un jours d'intervalle, la
présence des trois quarts des membres de la
bourgeoisie et l'adoption par les trois quarts des
membres présents.

En Suède, constitution du 6 juin 1809 (articles 81-83), la revision est faite comme les lois,
sauf que le vote ne peut avoir lieu qu'à la session ordinaire qui suit les élections générales
pour la seconde Chambre. La revision pourrait,
au contraire, être repoussée dans la session
même où la proposition aurait été faite. La législature qui vote est tenue de se renfermer
dans les termes du projet qui lui a été renvoyé
par la législature précédente.

En Autriche, il suffit, selon la loi constitutionnelle du 21 décembre 1867, article 15, que la
revision soit discutée par la moitié au moins
des membres de chaque Chambre, et votée par
les deux tiers des membres présents.

La constitution norvégienne du 4 novembre
1814, article 112, décide que la proposition de
modification est faite au Storthing, à la première session ordinaire après une nouvelle

élection. Mais elle n'est définitivement adoptée ou rejetée qu'à l'une des sessions ordinaires après l'élection suivante. La revision partielle seule est permise. Les modifications doivent être votées par le Storthing à la majorité des deux tiers des voix.

Enfin, dans la république d'Orange, c'est le Volksraad qui fait la revision. Aux termes de l'article 26 de la constitution du 8 mai 1879, il faut le vote des trois quarts des membres et une majorité des trois quarts des votants dans deux sessions annuelles et consécutives.

Seule la constitution de la colonie anglaise de Victoria du 23 novembre 1855, parmi les constitutions qui prévoient la revision que nous avons examinées, se contente de la procédure législative ordinaire, sans aucune entrave.

DEUXIÈME GROUPE

Constitutions qui considèrent les lois constitutionnelles comme des lois d'une essence particulière

Les constitutions qui composent ce second groupe peuvent se rattacher à quatre systèmes :

1° Celles qui laissent l'accomplissement de la revision entre les mains des Chambres législatives, mais qui exigent l'intervention populaire ;

2° Celles qui exigent la réunion d'une assemblée spéciale pour la revision ;

3° Celles qui distinguent entre la revision totale et la revision partielle, qui confient la première à une assemblée spéciale et la seconde aux Chambres législatives ;

4° Enfin celles qui suivent le système américain, qui fait intervenir les législatures des États particuliers dans la revision.

I. — Constitutions qui laissent l'accomplissement de la revision entre les mains des Chambres législatives, mais qui exigent l'intervention populaire. Il en est ainsi en Suisse et en Pensylvanie.

La constitution fédérale helvétique du 29 mai 1874 s'occupe de cette matière dans le chapitre III. Elle distingue entre la revision totale et la revision partielle. (Art. 118.)

L'initiative de la revision totale appartient à l'Assemblée fédérale ou au peuple. Dans ce dernier cas, il faut la demande de 50,000 citoyens. Lorsque les deux sections de l'Assemblée fédérale ne sont pas d'accord, ou lorsque l'initiative est populaire, il faut en outre qu'elle soit ratifiée par le peuple. Si la consultation populaire se prononce pour l'affirmative, les deux Conseils sont renouvelés pour travailler à la revision. (Art. 119 et 120.)

L'initiative de la revision partielle appartient

aussi à l'Assemblée fédérale ou au peuple. L'initiative populaire consiste en une demande présentée par 50,000 citoyens. L'accomplissement de la revision est confié à l'Assemblée fédérale en exercice. (Art. 121.)

Enfin, la constitution fédérale revisée ou la partie revisée doit être acceptée par la majorité des citoyens suisses et la majorité des États.(Art. 123).

La constitution de l'État de Pensylvanie du 16 décembre 1873 confie la revision aux Chambres législatives, à la majorité ordinaire. Mais elle doit être votée une seconde fois après publication du vote, dans un certain nombre de journaux, par la prochaine législature. Trois mois au moins après la seconde adoption et une nouvelle publication dans les journaux, elle est soumise au corps électoral. Enfin, aucun amendement ou série d'amendements à la constitution ne peut être proposée, si ce n'est à cinq ans d'intervalle. (Art 18, sect. 1er.)

II. — Constitutions qui exigent la réunion d'une assemblée spéciale pour la revision.

Constitution du royaume de Serbie du 22 décembre 1888.— Cette constitution confie la revision à une assemblée spéciale appelée « grande skoupchtina nationale », laquelle est composée de députés élus en nombre quadruple de celui que la nation élit pour le corps législatif, appelé « skoupchtina ordinaire ».

L'initiative de la revision appartient au roi et à la skoupchtina ordinaire ; mais le vœu doit être voté à la majorité des deux tiers des membres présents et par deux skoupchtina ordinaires consécutives.

Les décisions de la grande skoupchtina nationale doivent être ratifiées par le souverain.

Constitution du royaume de Grèce des 16-28 novembre 1864. — La constitution ne peut être revisée en entier ni partiellement avant dix ans après sa promulgation.

Le vœu constitutionnel doit être voté par deux législatures consécutives, à la majorité des trois quarts du nombre total des membres de la Chambre.

La revision est faite par une Chambre nouvelle, spécialement convoquée dans ce but, et composée d'un nombre de membres double de celui des députés de la Chambre ordinaire. (Art. 107.)

La constitution qui régit la Confédération Argentine depuis le 25 septembre 1860 décide que la revision peut être totale ou partielle. L'initiative de la revision appartient au congrès, qui doit se prononcer à la majorité des deux tiers de ses membres ; mais la revision ne peut être effectuée que par une convention convoquée *ad hoc*.

III. — Constitutions qui distinguent entre la

revision totale et la revision partielle, qui confient la revision totale à une assemblée spéciale et la revision partielle aux Chambres en exercice.

La constitution du canton suisse de Genève du 24 mai 1847 appartient à ce système. La revision partielle est votée suivant les formes prescrites pour les lois ordinaires. Elle est ensuite portée, dans le délai d'un mois, à la sanction du corps électoral.

Tous les quinze ans, la question de la revision totale est posée au corps électoral ; s'il vote la revision, elle est opérée par une assemblée constituante. La constitution ainsi revisée est soumise à la ratification du corps électoral.

IV. — Système américain, qui fait intervenir les législatures des États particuliers dans la revision.

État-Unis d'Amérique. — Constitution du 17 septembre 1787, article 5, 1.

L'initiative appartient au congrès ou aux législatures des États particuliers. Dans le premier cas, il faut la demande des deux tiers des membres des deux Chambres, et c'est le congrès qui accomplit la revision. Dans le second cas, il faut la demande des deux tiers des législatures des divers États, et c'est une convention qui est chargée des changements aux lois constitutionnelles. Dans les deux cas, pour que les modifi-

cations soient valables, il faut qu'elles soient ratifiées par les législatures des trois quarts des
États ou par des conventions formées dans les
trois quarts d'entre eux, au choix du congrès.

La constitution mexicaine du 12 février 1857,
article 127, suit un système analogue. La revision de la constitution est votée par le congrès
à la majorité des deux tiers, et ratifiée par la
majorité des législatures des États.

CONCLUSION

Nous avons remarqué, au cours de cette
étude, que la plupart des constitutions écrites
contenaient la clause de revision. Cette quasi-
unanimité plaide en faveur de ce système. En
agissant ainsi, on a quelque chance d'éviter les
révolutions ou les systèmes de circonstance.
Pour ce qui est spécialement de notre pays,
nous avons eu deux constitutions ne contenant
pas la clause de revision : je veux parler des
deux Chartes de 1814 et de 1830. Or, ce qui se
passa, sous ce régime, est peu encourageant
pour l'avenir. Chaque fois qu'il fut question de
modifier la charte, on vit les partis en venir
presque aux mains, sans jamais s'entendre sur
le mode de modification. Les uns, refusant tout
progrès, prétendaient la charte intangible ; les
autres présentaient comme traditionnels des
modes de procéder aussi fantaisistes que variés,
et le peuple, peu instruit en ces matières, spec-
tateur de tous ces débats, se demandait avec
anxiété si toute modification à la loi fondamentale n'était pas un attentat contre des libertés si péniblement acquises.

Toute constitution doit donc prévoir et organiser sa revision. Mais à qui doit-elle en confier l'initiative? Comment en organiser la procédure?

Au cours de notre étude, nous avons vu que l'initiative, le vœu, était le plus souvent confié aux Chambres législatives. Quelques constitutions admettent l'initiative populaire; d'autres récusent l'intervention du pouvoir exécutif. Le système le plus parfait, à notre avis, est celui qui confie l'initiative concurremment au pouvoir législatif et au pouvoir exécutif. Pour ce qui est du peuple, sans admettre que son intervention soit le plus grand des fléaux, comme le disait Barnave en 1791, nous croyons que son intervention directe en matière constitutionnelle peut être écartée sans inconvénient. Il peut toujours en effet, soit au moyen de pétitions, soit au moyen des élections, faire connaître sa volonté. Il peut nommer des représentants hostiles ou favorables à la revision, si cette question est pendante devant l'opinion publique: « Appelons-le, disait Barnave le 31 août 1791, par sa véritable manière d'exprimer ses volontés, par les élections[1]. » Il est vrai, comme nous l'avons vu, que la Constitution de 1791 exigeait trop de temps pour constater cette

1. *Moniteur* 1791, page 1021.

volonté ; mais on pourra toujours, comme le propose Faustin Hélie dans son livre « les Constitutions de la France », reconnaître au peuple le droit d'adresser des vœux aux pouvoirs publics.

Si l'exclusion du peuple est sans inconvénient sérieux, il n'en est pas de même de celle du gouvernement. Le comte de Clermont-Tonnerre, l'un des constituants de 1789, faisait déjà remarquer que la Constitution de 1791, en ne donnant qu'à un seul pouvoir, le Corps législatif, le droit de provoquer la revision, devait amener l'annihilation de l'autre, le roi. « Il est évident, disait-il, que si un seul pouvoir recevait le droit de provoquer la revision et d'en fixer les points, il n'en userait jamais qu'à son avantage ; et il est connu qu'entre deux pouvoirs, si l'un peut s'accroître aux dépens de l'autre, sans que l'autre ait la même faculté, il n'en restera bientôt qu'un... Il est impossible de ne pas convenir que l'assemblée nationale a choisi un mode de revision qui tend à ajouter sans cesse au pouvoir excessif des législatures, et qui ne réformera jamais un seul abus dont elles peuvent tirer avantage [1]. »

L'initiative de la revision doit donc être confiée aux deux pouvoirs constitués. Mais

1. Comte de CLERMONT-TONNERRE, *Analyse de la Constitution de 1791*, page 289 et suivante.

quelle sera la procédure à suivre? Beaucoup de
constitutions se contentent de la procédure législative ordinaire ; un grand nombre exigent
des formalités spéciales : telle, par exemple,
prescrit de ne s'occuper de cette matière qu'à
certaines époques déterminées ; telle autre demande une majorité spéciale ; d'autres, la présence d'un certain nombre de membres, plusieurs délibérations, prises souvent à plusieurs
années d'intervalle, ou votées par plusieurs législatures successives, etc.

Toutes ces formalités ne sont pas à rejeter
en bloc. Il est certain que la nécessité de majorités spéciales ou la présence d'un certain
nombre de membres des Chambres, pourvu que
majorité et quorum ne soient pas trop difficiles
à atteindre, ainsi que la demande de plusieurs
délibérations successives, si elles ne sont pas
trop espacées, peuvent très bien se comprendre
dans une matière aussi grave que la revision
constitutionnelle. Ce qu'il faut surtout rejeter,
ce sont toutes les formalités, tous les délais qui
visent à retarder la revision le plus possible, à la
rendre même impossible. Un des grands inconvénients des formalités qui font durer pendant
plusieurs années la revision, disaient déjà les
adversaires du projet voté en 1791, est de jeter
un grand discrédit sur le principe discuté. Ce
système expose, en prolongeant si longtemps

le débat sur la revision, à surexciter l'impatience de la nation, et à faire partager à toute la constitution l'impopularité de quelques-uns de ses articles. On peut se demander comment, en 1791, l'article dont la revision aurait été demandée, eût été appliqué pendant un délai de 6 à 10 ans. M. de Clermont-Tonnerre suppose que la proposition de détrôner le roi soit faite par une première législature, et se demande comment le roi aurait pu continuer à gouverner : « Je suppose que cette motion y soit faite une fois ; je suppose qu'une législature déclare qu'il lui paraît que le gouvernement ne doit plus être monarchique, et sans doute elle le peut, puisque c'est un des articles de la constitution, et qu'elle peut émettre le vœu de changer ceux qui lui déplaisent : ce vœu ne sera pas encore une loi ; mais je demande comment le roi gouvernera pendant les quatre ans qui devront s'écouler encore avant l'assemblée de revision qui se prononcera sur ce vœu. Si un État dans lequel de telles circonstances sont constitutionnellement possibles, n'est pas dévoué à l'anarchie et à tous les maux qu'elle entraîne, il faut renoncer à toutes les notions de raison par lesquelles les hommes se conduisent[1]. » On peut même aller jusqu'à affirmer,

---

1. Comte de Clermont-Tonnerre, *Analyse de la Constitution de 1791*, page 289 et suivante.

sans craindre de se tromper, que ces formalités, que ces longs délais rendent la revision presque impossible, font les constitutions presque immuables. Sans doute, il ne faut pas qu'on puisse, à tout instant, mettre en cause les bases fondamentales de l'État; mais ce n'est pas une raison pour multiplier les difficultés de façon à rendre impossible la modification de la loi constitutionnelle. C'est pourtant là le résultat auquel on arrive.

Quant aux conséquences pratiques du système qui consiste à entraver la revision jusqu'au point de l'interdire, elles sont fort dangereuses. Il est indispensable que les constitutions soient constamment en rapport avec les besoins généraux des peuples auxquels elles s'appliquent Si la constitution ne peut être améliorée, ou bien si, en cas de réforme urgente, elle ne peut l'être qu'après un long délai, cette constitution est exposée à périr par la violence, par le coup d'État ou la révolution. C'est ce que prévoyait Robespierre en 1791, quand il disait que « n'indiquer aucun moyen par lequel la nation pût exercer son droit de faire changer la constitution, c'était ne lui laisser que le moyen de l'insurrection [1]. » L'histoire du siècle ne devait que trop justifier la prédiction de Robespierre ; elle

1. *Moniteur* 1791, page 1020.

doit en outre suffire à nous convaincre qu'il n'y a pas lieu de faire fond sur ces combinaisons artificielles, imaginées pour soumettre les revisions à plus de gène, ou les faire apparaître avec plus d'éclat.

Si, laissant l'initiative de côté, nous passons maintenant à l'examen des formalités de la revision, nous constatons que les constitutions françaises et étrangères peuvent toutes se rattacher aux deux systèmes suivants :

Ou bien, la constitution est faite ou revisée par un organe distinct du parlement et réduit, en général, à cette seule fonction ;

Ou bien, le pouvoir constituant est exercé de la même manière et par les mêmes organes que le pouvoir législatif.

L'assemblée spéciale à la revision est tantôt un corps permanent, tantôt, et plus naturellement, un corps temporaire, accidentel, convoqué à de rares intervalles, lorsqu'il s'agit de combler une lacune ou de corriger un défaut de la constitution.

Certains auteurs, M. Faustin Hélie notamment, dans son livre « les Constitutions de la France », louent la permanence de l'organe constituant. Ces auteurs affirment que c'est une combinaison très supérieure que celle qui consiste à confier le pouvoir constituant à un organe permanent, mais à condition que ce corps soit recruté dans la nation, comme le Sénat de 1802, et non choisi par le gouvernement et dépendant de lui sous divers rapports, comme celui de 1852. Faustin Hélie fait remarquer, à l'appui de sa thèse, que la convocation d'une constituante risque de tout mettre sens dessus dessous. Le seul avantage que nous trouvions à ce système, c'est qu'il facilite la revision.

Quoi qu'il en soit, l'organe constituant est rarement permanent. L'histoire ne nous en fournit guère d'exemples : à part, en effet, les deux sénats des empires français, on n'en trouve pas d'autres.

L'assemblée constituante non permanente est quelquefois convoquée pour un temps déterminé, par exemple pour trois mois. Ce système doit être rejeté : la durée prescrite peut n'être pas assez longue ; elle peut l'être trop. Dans tous les cas, c'est une invite à rester en fonction pendant toute la durée du délai, quand même il n'y aurait de travail que pour un jour ou deux.

Dans tous les cas, que le corps constituant soit permanent ou non, ce système doit être rejeté.

Son premier vice, en effet, est de rendre les pouvoirs constitués méfiants : ils seront portés à ne pas convoquer l'assemblée spéciale, ou à ne pas la saisir par crainte de la révolution. Et, si la constitution arrive à être revisée par ce pouvoir spécial, placé d'une manière temporaire ou permanente à côté des pouvoirs constitués, ceux-ci opposeront volontiers aux réformes votées une résistance passive qui peut les annuler ou les fausser. C'est pour cela que la nécessité d'une assemblée constituante ne se fait guère sentir qu'après une révolution, lorsque l'édifice est entièrement à reconstruire ? En temps ordinaire, il est certain qu'une Chambre constituante est bien plus dangereuse qu'utile. Pourquoi ne pas charger les Chambres législatives de la fonction constituante. Elles émanent du peuple ; leurs membres sont les représentants habituels de la nation. Il est présumable que le choix des électeurs s'est porté sur les hommes les plus capables du pays. S'il en est ainsi, une assemblée de revision renfermerait de moins grandes capacités, qui cependant auraient des pouvoirs plus étendus. Il est vrai qu'on pourrait parer à cet inconvénient en décidant que les membres des Chambres législatives pourraient faire partie de la constituante.

On objecte la dualité des Chambres législatives, existant dans la plupart des pays. On a souvent dit que, pour formuler la constitution d'un peuple, une assemblée unique était nécessaire. Il s'agit d'aller vite, ce qui n'est guère possible avec deux Chambres. Nous répondrons à cette objection qu'il n'y a guère d'intérêt à aller vite qu'après une révolution. Là seulement peut se comprendre l'assemblée unique ; mais, pour les réformes faites en temps calme, et surtout pour les réformes partielles, deux Chambres sont préférables : les décisions sont mieux mûries et plus parfaites.

La réunion d'une constituante présente des dangers très graves, que Chapelier décrivait déjà en 1791 : « Quant à la première proposition, qui est celle d'appeler une assemblée spéciale constituante investie de toute la puissance nationale, l'année qui la précéderait, le crédit public serait anéanti, le numéraire se resserrerait, les grands propriétaires prendraient la fuite ; en un mot, une alarme générale fatiguerait les citoyens ; c'est donc un malheur qu'il faut éviter. » Il y a peut-être beaucoup d'exagération dans ce tableau ; ce qui est cependant certain, c'est que la crainte d'une assemblée omnipotente empêcherait les pouvoirs constitués de la convoquer. Ce résultat est peu engageant. Aussi certaines constitutions, préoccupées d'empêcher l'omnipotence de l'assemblée constituante qu'elles créaient, ont-elles cherché à obvier à cet inconvénient en limitant le pouvoir constituant de l'assemblée revisante aux articles seulement qui lui seraient soumis par le projet, et en lui refusant le pouvoir législatif. On voit immédiatement que le remède est dérisoire : personne ne pourra empêcher une telle assemblée d'étendre l'objet de ses délibérations.

Les avantages du système opposé sont au contraire très grands. En donnant le pouvoir constituant aux pouvoirs constitués, on évite la révolution et les changements brusques ; les modifications à la constitution sont lentes et insensibles ; elles ne se révèlent pas à l'extérieur. La constitution pourrait ainsi se plier facilement aux besoins nouveaux. Ce système aurait donc l'avantage de donner à la constitution une grande souplesse, et il ne présenterait pas grand danger, surtout si on décidait que les pouvoirs publics ne pourraient que reviser la constitution par petites fractions, sans pouvoir la renverser entièrement. D'ailleurs rien n'empêche, mais nous ne croyons pas cela bien nécessaire, rien n'empêche d'assujétir la révision à des formalités spéciales et à des conditions, afin que cette facilité de modification ne mette pas à tout moment en péril l'existence du pacte fondamental.

On pourrait, ainsi que le prescrivent certaines constitutions, exiger une majorité spéciale et la présence d'un certain nombre de membres.

On pourrait encore dissoudre les Chambres

qui ont voté la revision, afin de consulter le pays sur son utilité.

Mais un système qui n'est pas bon à suivre, c'est celui qui augmente le nombre des membres des Chambres chargées de faire la revision. Sans doute, plus une assemblée est nombreuse, mieux elle représente les différentes fractions du peuple et les différents partis politiques. Mais il ne faut pas qu'une assemblée soit trop nombreuse : de telles assemblées ne sont pas favorables à la discussion et à l'expédition des affaires. La fréquence des émotions et l'ébranlement des passions, qui déterminent des courants irrésistibles, sont en raison directe du nombre des représentants. Elles sont fatalement entraînées à des délibérations tumultueuses. La responsabilité des représentants y est moindre ; l'effort personnel est moins énergique ; la valeur de l'individu s'affaiblit, et la valeur des coteries augmente. Ajoutons que la direction des débats y est parfois impossible. Enfin, il est difficile de trouver dans un pays, quelque important qu'il soit, un grand nombre d'hommes capables, compétents et qui consentent à solliciter le suffrage des électeurs. Or, en augmentant le nombre des représentants des Chambres chargées de reviser, on court le risque d'avoir des assemblées trop nombreuses.

Que dire maintenant du système français

actuel? Ce système n'offre pas plus de garanties, mais offre plus de dangers que la revision par la voie législative ordinaire. Rien ne garantit, en effet, contre le Congrès le Sénat, qui est noyé dans la Chambre des députés, ni le Président de la République. Si le Congrès se borne à enregistrer ce qui a été décidé par le Sénat et la Chambre votant isolément, il est parfaitement inutile. Si, au contraire, il ne se croit pas lié par la formule du projet de revision, et s'il s'attribue plein pouvoir constituant, il peut détruire le Sénat, le Président de la République et établir sa propre omnipotence. Il a les moyens de devenir une convention toute-puissante, et exercera sur le pays le despotisme le plus complet. Il serait vraiment plus simple et plus utile de voter la revision comme les lois.

Dans la plupart des constitutions, la revision est parfaite lorsqu'elle a été votée par l'organe constituant. Un certain nombre de lois constitutionnelles exigent cependant encore une dernière formalité. Pour ces constitutions, l'organe constituant n'est guère qu'une commission chargée de préparer un projet qui ne sera définitif que lorsqu'il sera accepté par le peuple. Sans nous étendre outre mesure sur la ratification populaire, nous pouvons dire qu'au moins en doctrine, c'est le procédé le plus logique. En pratique, la ratification populaire, aussi bien que le referendum suisse, peut donner d'excellents résultats, surtout dans un pays foncièrement démocratique, où les institutions établies ne sont pas en butte à des attaques incessantes, où l'on ne se trouve pas en présence de deux grands partis également capables l'un et l'autre de maintenir l'ordre, et où enfin les classes populaires jouissent d'une certaine éducation politique.

Malheureusement, dans la plupart des pays, la consultation populaire s'opère sur un fait accompli, par des questions mal posées ou mal comprises, qui ne laissent aux citoyens aucune faculté d'option, et constituent pour eux une carte forcée. « Le plébiscite n'est pas un vote de confiance ou de méfiance, une affirmation de respect ou une preuve de la résolution du mépris ; c'est tout simplement la déclaration affolée d'un pays qui refuse énergiquement de noyer en pleine mer un pilote, même mauvais, placé à la tête du navire [1]. »

« Le scrutin de liste de la démocratie autoritaire et les plébiscites de l'Empire sont des escamotages légaux de la même espèce, tous les deux également fondés sur le respect apparent et sur le mépris réel de la volonté publique [2]. »

Dans ces sortes de consultations nationales, en effet, les électeurs ne peuvent qu'adopter ou

1. SAINT-GIRONS, *Manuel de droit constitutionnel*, **page 46**.
2. TAINE, *Du suffrage universel*, **page 23**.

rejeter en bloc, si bien qu'il semblerait qu'au moins en France et à ces époques, le seul plébiscite efficace et clair est, comme nous le disions plus haut, celui qui résultait des élections, bien que ce mode de consultation soit bien médiocre aussi.

* *

En résumé, la revision constitutionnelle doit être rendue aussi facile que possible. Sans doute, les peuples ont besoin de stabilité, et leur loi fondamentale devrait avoir une stabilité particulière. Pour que l'ordre soit respecté, pour qu'une confiance mutuelle s'établisse entre le gouvernement et le peuple, pour qu'il y ait sécurité dans les entreprises, et qu'une heureuse harmonie pénètre dans toutes les parties du corps social, il faut que les institutions aient un certain degré de stabilité. Mais, pour cela, il faut que les institutions aient un long passé : alors seulement elles sont respectées. C'est pour cela qu'il faut au peuple une constitution qui ait des racines dans les traditions du pays, en un mot une constitution nationale. Une telle constitution n'est pas alors une chose mobile ; de toutes les institutions, c'est la plus difficile à changer, parce que tout changement suppose un effort douloureux qu'on évite. Il y aura donc alors une certaine tendance à l'immobilité.

Toute constitution, au contraire, qui n'aura pas de racines dans les traditions, qui aura été imposée, ou émanera de toutes pièces du cerveau d'un métaphysicien, ne sera pas durable. Il faudra la modifier incessamment pour la rendre pratique, pour l'approprier au peuple qu'elle régit. Si on cherche à entraver sa revision, on arrivera à ce résultat que le peuple, gêné trop longtemps par quelque article de la constitution, aura recours à l'émeute, à la révolution qui emportera la constitution tout entière.

Il y aurait même un avantage très grand à n'inscrire dans le texte constitutionnel que les bases de la constitution, à n'y trancher que les controverses et à laisser tomber dans le domaine législatif tous les menus détails. En agissant ainsi, on ne serait pas continuellement gêné par des prescriptions méticuleuses, qui souvent risquent de déconsidérer la constitution. Il faudrait même, à notre avis, faciliter la revision des bases en supprimant toutes les formalités solennelles et multipliées qui rendent l'exercice du pouvoir constituant aussi rare que possible, et en ne conservant que celles destinées à s'assurer que la réforme est bien voulue par l'opinion publique.

Vu :
Le Professeur Président de la Thèse,
EDMOND **VILLEY.**

Vu :
Le Doyen de la Faculté,
EDMOND **VILLEY.**

Vu et permis d'imprimer :
Le Recteur de l'Université de Caen,
E. **ZEVORT.**

TABLE DES MATIÈRES

Imprimerie spéciale de thèses. —Ch. VALIN, 7 et 9, rue au Canu, Caen

www.ingramcontent.com/pod-product-compliance
Lightning Source LLC
LaVergne TN
LVHW021650060726
842527LV00003B/849